贰阅 | 阅 爱 · 阅 美 好
ERYUE

让阅读走心

让阅历丰盛

# 教练型父母

## 支持孩子做最好的自己

朱建忠◎著

北京联合出版公司
Beijing United Publishing Co.,Ltd.

**图书在版编目（CIP）数据**

教练型父母 / 朱建忠著 . -- 北京 : 北京联合出版
公司, 2018.5（2021.6重印）

ISBN 978-7-5502-8726-6

Ⅰ . ①教… Ⅱ . ①朱… Ⅲ . ①家庭教育 Ⅳ . ① G78

中国版本图书馆 CIP 数据核字（2018）第 039502 号

**教练型父母**

作　　者：朱建忠

出 品 人：赵红仕

选题策划：北京时代光华图书有限公司

责任编辑：夏应鹏

特约编辑：李燕子

封面设计：零创意文化

版式设计：零创意文化

北京联合出版公司出版

（北京市西城区德外大街 83 号楼 9 层　　　　100088）

北京雁林吉兆印刷有限公司印刷　　新华书店经销

字数 128 千字　　　787 毫米×1092 毫米　　1/16　　14.75 印张

2018 年 5 月第 1 版　　2021 年 6 月第 3 次印刷

ISBN 978-7-5502-8726-6

定价：49.80 元

　　人类不断繁衍，大多数人都会经历从孩子到为人父母的阶段。从懵懵懂懂到长大成人，一路上留下了许多让人难忘的回忆。回看一路走来的时光，每个人都有着自己独特的人生路程和记忆，有儿时的美好时光和父母的养育印象，也有许多遗憾。

　　想起当年父母对我们的谆谆教诲，我们有过不理解、抗拒，甚至会想早点长大，摆脱父母的管教。现在我们为人父母了，才知道，教育孩子的说明书并没有跟随孩子的出生配套而来。所以，每个父母只能用自己认为最好的方式来培养自己的孩子。因为过去的成长经历和对自己现状的些许不满足，我们总想让孩子过得比自己更好，望子成龙、盼女成凤。

　　随着时代的变迁、社会的需要，我们越来越认识到家庭教育的重要性，父母都在寻求最好的教育途径，可谓是用尽心思，却往往力不从心，有时还导致父母与孩子之间的关系出现问题。面对这种普遍的现象，许多父母仿佛陷入了迷宫……如何教育孩子，成为许多父母的一道难题。

《教练型父母》一书的作者朱建忠导师从事教育事业和教练技术培训工作多年。在多年的实践中，他发现孩子的成长与父母的教育关系重大。父母与孩子的沟通尤其重要，主动和被动对于孩子的学习有着截然不同的效果。如何让孩子变被动为主动，他在书中有很好的见解和生动的案例，已经有很多父母从他的"教练型父母"课程中受到启发，受益匪浅，并取得了很好的效果。

为了让孩子在快乐中学习，父母与孩子的相处更加和谐，《教练型父母》一书值得父母们看看。

中国企业教练联合会专家

# 自 序

我为什么要写这本书呢？这还得从我与教育说不清道不明的缘分说起。

我当年高考的时候，很想报师范大学，希望将来当老师。但那时的教师社会地位、收入都比较低，家人很反对，所以就没有报。阴差阳错，我偏偏被报考的浙江工业大学调剂到刚刚开办的技术师范系土木工程专业，还是读了师范。

毕业时，我本应该到中专或大学教土木专业技术课程的，却又阴差阳错很不情愿地被分配到中学教高中物理，三年后被调到建筑设计院做设计工作。到设计院的第一天，我就对新同事说，我将来还会再当老师。他们都觉得我莫名其妙，对我说，你下辈子当吧！我说，不会，五十岁左右我还会当老师的。那时候，没人相信我说的话。

　　之后，我又断断续续从事过其他几种行业。然而，在我四十七岁那年，我继续站在了讲台上，与教育再续前缘。这一切就好像冥冥之中自有安排，只不过，我不是给学生讲课，而是给家长和老板讲课，真的很有意思。估计我的下半辈子就交给讲台，交给教育了！

　　这次的缘分，始于 2008 年时一位朋友的推荐。那年，这位朋友推荐我去学一门"教练技术"的企业管理课程。我当时就同意了，并且在学习过程中爱上了这门课程。更意想不到的是，本来只是一门针对企业管理的课程，但我学完后却发现，这门课程不仅对企业管理有用，对家庭教育更有用。

　　当发现运用教练技术对自己孩子的教育非常有效以后，我就有意无意地跟身边的人分享心得，发现对他们也有很大的帮助。就这样，我越来越相信教练技术能在家庭教育甚至学校教育中发挥巨大的作用和影响力。于是，我开始在家长群体中传播这门课程，给他们做培训。而参加培训的所有家长事后都表示受益良多，对孩子的教育变得更有成效，整个家庭也因此和睦融洽。

　　"教练型父母"的理念受到家长和老师、学校和教育主管部门的普遍欢迎，令许多家庭和孩子受益。每次培训课上，看到家长们豁然开朗的眼神、对自己孩子未来有所不同的期待神态、重新树立起的对家庭教育的信心，也令我感到非常的自豪和满足！我相信，让家长成为教练型父母对每一个孩子的成长、每一个家庭的和谐都非常重要；我相信，让家长成为教练型父母对整个教育的改革都会产生非常深远的影响。可以说，家长成为教练型父母是孩子的福气，是社会的福音。

什么是教练型父母呢？我们生活中，有太多保姆式和顾问式父母。保姆式父母的特点是包办、代劳，孩子往往没有自由；顾问式父母的特点是指示、评判，孩子往往没有平等。这两类家长经常是在用自己的负责任打造不负责任的孩子。他们往往很累，教育效果却不好，亲子关系也常常很紧张。

教练型父母则不一样。教练，永远相信被教练者自己拥有开悟的能力，相信被教练者自己拥有选择的能力。他们会给孩子自由和平等，挖掘并激发孩子的内在潜能，帮助孩子发现自身发展的更多可能性，从而让孩子真正成为他自己，为自己的人生负责。教练型父母是轻松的，常常能取得事半功倍的教育效果，他们的亲子关系和家庭往往也是和谐的、幸福美满的。

在培训过程中，有很多家长问我，朱老师您有没有出书啊？您为什么不把培训的内容写成书呢？被问得多了，我也就有了把"教练型父母"的理念通过书籍传播出去的想法。

在决定着手写这本书以来，我犹豫了很多次。在我的信念中，出书是专家教授的事，而我既不是教育专家也不是心理学专家，能够很系统地阐述教育的规律、理念和方法吗？但是，每当我犹豫的时候，眼前都会浮现出家长们期待和鼓励的神情，还有内心多年来的梦想——我梦想有一天，孩子的童年是快乐的：他们可以自由地玩耍、奔放地运动、尽情地欢笑，田野、山河、社区、学校是他们的乐园！

我梦想有一天，孩子的童年是轻松的：他们不需要承载大人们自私的、不切实际的期待，没有题海，不做考试的机器。书是朋友，老师是知己！

我梦想有一天，孩子的童年是自由的：他们是不被限制的，他们可以做一切他们这个年纪最渴望做的事情！他们经常听到的是"可以、行、很好、OK、你自己决定"。

所以，尽管我只是一位在亲子教育中践行教练技术的教练，以及一位在亲子教育中有些体验和心得的父亲，尽管我未必能如教育专家般写出系统知识，尽管我的观念会有瑕疵……那又怎样？为了我心中这个梦想，为了所有的家庭和孩子，我愿意尝试，说出自己的教育故事和心得，写作这本关于教练型父母教育理念的书。

曾经有一位妈妈这样评价"教练型父母"培训课程，她说："朱导，每次给我们培训的时候，虽然讲的是你经历的故事，但我却感觉说的是我的事情。"其实，这也是本书最大的特点。

在这本书中，你不会看到系统的教育理论，也不会看到最前沿的教育理念的理论化叙述；这本书里只有一个个关于家庭教育的小故事、教练的小案例。这些小故事和小案例都是真实发生的，有些是我给朋友的孩子做教练的案例，有些是培训过程中学员家庭中的案例，大部分是发生在我与自己孩子互动过程中的。另外，由于有些案例可能涉及隐私，为了避免不必要的误解和麻烦，我做了一些技术处理，望广大家长和读者谅解。

最后，愿天下所有的孩子都能在父母爱的陪伴下健康成长，收获幸福美好的未来！

# 01 我爱你，与你的表现无关

出于自愿和主动，付出爱的人往往内心都充满着喜悦。但我们却往往为这份爱加上了条件，而这个条件已经不知不觉令付出变成了投资。

不要把爱和孩子的表现挂钩　/ 003

爱要爱得无条件　/ 006

别把对孩子的爱当成投资　/ 011

你愿意为孩子负多少责　/ 016

孩子收不到的爱，不是真的爱　/ 019

陪伴是给孩子最好的礼物　/ 023

爱像水一样柔软而有力　/ 027

一张图看清你和孩子的关系　/ 033

## 02　欣赏让孩子充满能量

每个人的心中都根植着一种价值标准，这让我们总是不经意地对孩子产生判断，因而有了接纳和拒绝的不同对待。而欣赏就是要超越这种价值标准，无论孩子的表现是否优秀，去欣赏他，去爱他！

真正的欣赏需要放下我们内心的成见　/ 039

欣赏让孩子的优点越来越多　/ 043

表扬孩子时别说"但是"　/ 048

用鼓励培养孩子的独创性思维　/ 054

欣赏需要不断练习　/ 061

全面营造欣赏的环境　/ 069

## 03　有效沟通是引导孩子进步的前提

沟通是人与人互相了解的最重要的方式。从孩子的第一声啼哭开始，他就一直以某种形式和我们进行着沟通。因此，我们想要引导孩子，让他有所改变，有效沟通是前提。

和孩子沟通要提前想好话题　/ 077

少说"正确的废话"　/ 080

少唠叨，多聆听　/ 084

读懂孩子的内心世界　/ 087

先讲情和爱，然后再讲理　/ 096

和孩子沟通需要引导　/ 101

## 04 以人为本，尊重孩子的成长规律

每个孩子都是独一无二的，都有其独特的成长规律。作为家长，我们唯有放下自我的执念，遵循孩子本身的成长轨迹，跟紧孩子的步伐，才能正确引导孩子健康快乐地成长。

尊重孩子好动的天性 / 107

孩子的兴趣要从小呵护 / 111

才艺培养，孩子喜欢最重要 / 118

别破坏孩子内心的富足感、配得感 / 123

叛逆期真的存在吗 / 128

别用大人的标准衡量孩子 / 132

## 05 用教练的智慧激发孩子的学习自主性

孩子的学习好不好往往取决于"要我学"还是"我要学"。只有帮助孩子转变对学习的看法，让他体验到学习的正面意义和乐趣，孩子才会爱上学习，主动学习。

体验到学习比玩游戏更有趣，孩子才会爱上学习 / 139

用鼓励成就孩子 / 142

与其给答案，不如提问题 / 150

常被肯定的孩子爱学习 / 155

别用成绩定义孩子的成就 / 162

让孩子学会玩 / 167

别让孩子不敢定目标 / 174

一张口算卷，两种学习的表现　/ 177

想要孩子学习好，先让孩子喜欢老师和学校　/ 181

## 06　用开放的心态成就孩子的美好人生

在孩子的成长过程中，家长很容易将自己的生活经验和思维逻辑套用在孩子身上，甚至试图替代孩子。当我们这样做时，其实是在扼杀孩子成长的可能性和领悟力，阻碍他成为更好的自己。

教育孩子，父母别越界　/ 191

别怕孩子犯错　/ 197

教育不是妈妈一个人的事　/ 201

教育孩子别说一套做一套　/ 205

放低姿态向孩子学习　/ 208

别把教育变成对孩子的伤害　/ 212

# 01

## 我爱你，与你的表现无关

出于自愿和主动，付出爱的人往往内心都充满着喜悦。但我们却往往为这份爱加上了条件，而这个条件已经不知不觉令付出变成了投资。

## 不要把爱和孩子的表现挂钩

曾经有一个老师对我说过这样一件事。有一次，她的班上评选出了进步最大的孩子。而当她把荣誉给那个孩子并且表扬他时，孩子却拒绝了。他说："老师，你别表扬我，我是经不起表扬的。"仔细想一想，你的孩子是否也说过同样的话？

教育中我非常反对一种做法，就是家长对孩子说：孩子，你下一次要是考前十名或者前三名，我就给你奖励，带你看电影，吃肯德基，或者买玩具……不管孩子是吃肯德基还是买玩具，都应该基于他需要、想要，不应该跟他表现得好不好有一点关系。如果家长把这个跟孩子的表现挂起钩来，孩子会有一种感觉，就是我表现得好，父母就会爱我多一点；如果我表现得糟糕，父母就会对我不好，不爱我了。我们对孩子的爱，应该是无论这个孩子多么的优秀，或是多么的普通，对他的爱都是一样的，是不能因为他的表现有所增加或减少的；是我爱你就是爱你，跟你的表现没有关系。

成绩考差了，我跟你一起来总结。但那也只是跟成绩本身有关系，跟你个人没有关系。我夸你表现得好，是因为这件事情上你表现得好；就算你表现得很糟糕，做了错事，我爱你也一样多。但是，例如吸毒这种行为我绝对不接受。我会对你做思想工作，甚至还会惩罚你、揍你。但我不接受，只是不接受这种行为。即使惩罚你、揍你，我心中对你的爱和之前是一模一样的。

可很多家长总是会把孩子的表现与对他的爱挂起钩来。孩子这次退步了，就告诉他下个礼拜的旅游取消，甚至对孩子说"晚上给我别吃饭"，那孩子的感受会是什么？是"父母不爱我了"，或者"爱我少了"。曾经有一个学校的老师跟我说，有一次，她的班上评选出了进步最大的孩子。当她把荣誉给那孩子的时候，孩子却不敢接受。孩子对她说："老师，你别表扬我，我是经不起表扬的。你一表扬我，我就觉得特别不好意思，学习成绩还会下滑。"那么，为什么这个孩子不敢接受老师的表扬呢？按理说，每个孩子都是渴望被表扬的，就像我们肚子饿的时候都是渴望填饱肚子的。但在渴望的情况下，他却不敢接受，原因在哪儿？因为他担心，担心下次要是表现得不好甚至退步了，老师肯定是要批评他的。

老师也好，家长也好，内心是不接受孩子退步的。很多时候，我们嘴上说着"很好、很好"，内心却在说"你下次可要更好"。我们内心是不是总有这种潜台词？那当孩子收到这个潜台词的时候，他当然会感到不安全，会担心下次做得不好怎么办。我们总在要求孩子每天进步一点点。但是，别说一个孩子，就是我们成年人，每天进步一点点，这样的事情可能吗？

所以，无论老师还是家长，我们要从内心深处真正地明白：孩子这次进步了，很好，明天退步一点，那也是正常的；这次考好了，很好，下一次，掉下来几名，没关系，正常的嘛。千万别孩子进步了，就说"很好很好"；退步了，眼神立马就变了，紧跟着就说："上次表扬了你，就飘起来了是吧？骄傲了是吧？早就告诉你了……你要好好总结……"这个世界上，没有一个人能够永远满足我们的期望。既然如此，我们就不要把我们的孩子放在"每天进步一点点"这个无底洞里了。

我们真的爱孩子，千万不要再把对孩子的爱和他的表现挂钩。我们爱孩子，就要在信念上，从我们的内心深处让孩子感受到，我们对他的爱是无条件的，永远不会变，更跟他的表现无关。

## 爱要爱得无条件

在孩子考试前或者比赛前，很多家长会对他们说这样的话：只要这次你的名次在前三，我们就去哪儿玩。孩子听到这样的话往往会全力以赴。但是，长此以往，孩子也会渐渐变得内心脆弱，虚荣心强，经不起失败。

我儿子高中的时候数理化是很好的。但有一次，他的班主任罗老师，也是他的化学老师，在路上碰到我时对我说：

"浩辰爸爸，浩辰的化学成绩在我们班里算是数一数二的。但这次学校举行的化学竞赛，班上好多同学都报名参加了，他却没有报。"

"是吗？为什么？"我就问。

"他说不想报。你能不能跟他说一说，让他参加这次化学竞赛。我觉得这个孩子是有希望得奖的。"罗老师说。

"罗老师，这样子，我回家问问孩子，他为什么没有报？但是，最后我会尊重他的选择。"我回答说。

"那行，你回去跟他沟通一下。"罗老师说。

回家以后，我就问我的儿子："儿子，罗老师跟我说，你们学校有一个化学竞赛，好多同学都报名了，但你没有报。你的化学成绩那么好，为什么不报呢？"

儿子说："爸爸，你不知道，我们学校有一个专门训练化学竞赛的班。如果我参加那个化学竞赛，最多拿三等奖，一定比不过那些专门训练化学竞赛的。为了得个三等奖，还要打乱我自己的学习步骤和计划，我觉得没有意义，没有价值。"

听了儿子的回答，我心里真的很高兴，而且还为儿子的想法感到骄傲。为什么？因为才到高中，他就把名次、荣誉这些东西看得很淡，能够按照自己的内心来安排时间和精力。我感到孩子是自信的，内心是强大的。所以，听完儿子的话，我欣赏又肯定地对他说："儿子，我同意你的看法，你自己决定。"

为什么先跟大家说这件事呢？是因为之前有个家长来找我，她说她家的孩子五岁了，各方面都挺好，就是特别争强好胜，太在意自己在活动中的名次，尤其喜欢跟别人比较，爱用别人的不好来比他的好，然后赢了就开心得不得了，输了就哭、掉眼泪、闹脾气。

前面我说过，我是反对把对孩子的爱跟他的表现挂钩的。但这位妈妈向我描述她跟孩子相处的情况时，说过这样的话："儿子，这两个月你好好练。腊月的时候，三亚有武术比赛。如果你表现好，能进前三名的话，妈妈跟爸爸一起买飞机票，咱们去那边参加比赛，还可以玩儿。"看到没有，这个妈妈把孩子的比赛表现和孩子能不能去三亚玩联系在一起了，进了前三名，就会带他去三亚。那给孩子的印象是什么？是如果我想去三亚，我就必须赢。但如果这位妈妈传递给孩子的是无条件的爱，孩子会有什么样的表现呢？我带不带你去三亚旅游，跟你是不是前三名没有关系，只是因为你想去三亚。就算你不是前三名，我也带你去。当然，前提是我有这个经济能力。如果你不想去或者我没有这个能力，你就算进了前三名也不去。如果是传递这样的信息给孩子，这个孩子还会对输赢那么在意吗？还会输了就哭鼻子，闹情绪吗？

其实，我们大人也是一样的。能影响我们内心的往往不是事件本身，而是对这件事情的看法。比如说，妈妈和孩子玩扔球到篮筐里面的游戏。妈妈进了三个，孩子进了两个。就这个游戏本身来说，是妈妈赢了，孩子输了。但此时，如果我们的语言、内心跟孩子表达的不是三和二这样的数字，而是我三十岁，你三岁，我只投了三个，你却投了两个，你表现得很好，你太棒了。向他表达这种想法的时候，他肯定不会不舒服，更不会受伤。但是，如果你表达出来的是，"你看，我投了三个，你只投了两个"，那孩子的感受会怎么样呢？所以，如果想要让自己的孩子不那么在乎输赢，首先就得无条件地去爱孩子。怀着这样的出发点，你说的话、做的事才能让孩子真正遵循自己的内心，全身心地进入到学习中或者比赛中，学到比名次和输赢更有意义的东西。

我儿子之所以不太在意名次和输赢，跟我的另一个做法有关。我儿子的学校（可能很多学校也都有这个），在教室后面的墙上贴一排五角星或者小红花，做一件好事贴一个，小红花越少贴得越靠下。到学校去的时候，我经常看到儿子的小红花都是排在最下面的。但是每次看到以后，我连说都不说。为什么？因为只要你说了，不管你是怎么说的，都表明你是在意那个小红花的。那孩子自然也会在意。所以我看到有些孩子，为了增加自己的小红花，故意讨好老师，表现自己。有些甚至还直接从别人那里抢小红花，贴到自己的名字后面。在我看来，这种事情都是对孩子的成长没有好处的，只能培养孩子的虚荣心。

所以，只要我们爱孩子，爱得无条件，孩子在成长的过程中就不太会受到荣誉或名次等一些外界事物的干扰，他的内心会很强大。

## 别把对孩子的爱当成投资

> 孩子不是股市上的股票，股票飙升，就不断买入；股票下跌变成烂股，就赶紧抛售。如果以这种投资的心态爱孩子，到头来你可能会赔了夫人又折兵。

很多家长说，我对孩子的爱是无条件的，是最纯粹的。但是生活当中，我们有时候并没有真正地做到无条件地爱孩子。我们可能无意识或下意识地，把对孩子的爱当成一种投资。

我儿子上初中的时候，有一次他们学校邀请了一位教育学博士给我们做报告。听着听着，我就对她的一些说法和教育理念有些反感。她认为，对孩子的教育就是投资。作为家长，我们一定要对孩子好，要舍得花资本培养孩子，如舍得在孩子身上花钱、花时间等。这些金钱、时间投资在孩子身上以后，他将来学习好了，到社会上取得了成就，赚了钱，不但能光宗耀祖，还能照顾我们、对我们好。

其实，说孩子照顾父母，这话本身是没有问题的，这也是我们应该教孩子的。但是，如果我们父母内心的想法是，对他好、培养他、陪伴他，就是为了他将来要对我好，孝敬我，那我们对孩子的爱也就变味了。

有一位老表演艺术家叫秦怡，她一辈子只有一个孩子。但这个孩子是智力障碍者，智力只相当于五六岁的孩子。而且，这孩子还有狂躁症，发病的时候会揍人。秦怡的身上经常被这个孩子揍得青一块、紫一块。但秦怡用她的一生爱着这个孩子。她说，从这个孩子出生的那一刻起，她就告诉自己，不管这个孩子是什么样子，她都要用一辈子去疼爱孩子，没有任何理由。所以，尽管这个孩子被诊断为智力障碍者，尽管他发病的时候会揍她，她也依然全身心地、没有任何条件地、不讲任何回报地去爱他、陪伴他。这才是最纯粹的爱！没有任何理由，没有任何条件，也不求任何的回报。如果像那位教育学博士说的那样，把对孩子的培养看作投资的话，那对秦怡来说，这只股这么烂，是不是就该抛掉？

其实，那位教育学博士会有这样的理念，也与我们的大环境有关。我们现今的社会，价值取向比较单一，比较功利，连人与人之间的来往也常常是看对自己有没有利。但如果，连我们家长对孩子的爱和培养都要跟回报挂起钩来的话，这个社会还有希望，还会进步吗？

我这一刻爱孩子，陪伴他、呵护他，就是单纯地因为我想陪伴他、呵护他，而不是为了将来得到什么。如果说我有什么私心，那也是因为对他好，我心里能够感到开心和幸福。至于孩子的将来是多么富贵或者多么优越，他对我多么孝顺，那就是孩子自己的行为了。

不光是我们家长，很多老师的观念和心态也需要改变。我曾看过一个报道，南京一所中学的老师跟家委会精心策划了一个教育活动，让全校学生回家给父母写封感恩信，第二天在学校操场上，父母一排排地在椅子上坐着，孩子一批一批地跪下，把感恩信递给父母，然后再说："爸爸，谢谢你养育了我；妈妈，谢谢你养育了我。"

当时看到这个报道的时候，我的心里很不是滋味。我想象这个场景的时候，心里想，我有什么资格坐在那里，还让我的孩子跪着表示感恩呢？应该是我谢谢他！自从十几年前，孩子来到这个家，他给我们这个家庭带来了多么大的幸福和喜悦，给我又带来了多少的爱和感动！我有什么资格让他跪下来谢我？

或许有些家长会说，孩子确实给我们带来了很多幸福，但我们做父母的为孩子付出那么多心血和时间，每天担心这、担心那，难道他们不应该感恩我们吗？是的，感恩没有错。但那也应该是孩子内心的自发感受。这些家长和老师策划这一场教育活动的时候，他们是什么心态？是索取的心态。在这种心态下，孩子能真正学到感恩吗？他们会真心地感恩我们吗？不会的。这种教育活动只会变成一种形式，让孩子们觉得反感。他们甚至会想，原来爸爸妈妈对我好就是为了让我这样跪着感谢他们。

还有，我想问问那些坐在台上的父母，你们曾经给自己的父母写过感恩的信件吗？对父母说过感谢的话吗？给父母洗过脚吗？绝大多数没有吧。既然自己都没有做到的事情，凭什么要求孩子去做呢？这样不是很自私吗？这样的心态，难道不是索取？

我这样说，并不是反对培养孩子感恩的心。一定要培养，问题是怎么培养？最好的办法就是我们自己感恩，感恩父母，感恩社会。我们自己做到了，不用特意教，孩子也会做到，这是榜样的力量。

所以，各位家长一定要先理清思路。只有感恩的人才能培养感恩的孩子，用索取心态是无法真正教会孩子感恩的，最多也就是一时的感动而已。

你去问问那些把孩子培养得比较优秀的父母，他们有没有想过让孩子跪在自己面前说感谢什么的？不会的。因为他们根本不在意孩子说不说感谢。只要孩子好，他们就好；只要孩子过得开心，他们就很开心。还要谢什么呢？他们甚至会和我有同样的想法，一想到孩子要跪下来谢自己，都觉得不好意思，没资格。反而是那些学习不好，也不听话的孩子的父母，常常把对孩子的爱和付出当作投资，心里觉得自己付出那么多，孩子却不听话，成绩也不好，感觉心理不平衡。孩子在他们面前一跪，心里就觉得，哎呀，这下好了，自己的付出没白费。

佛家常说布施行善。这个布施就是不图回报的，只是将佛法施给别人，希望能够让别人获得幸福和快乐。但是，往往这种不图回报的布施，是有回报的，而且一定会有。尽管回报给你的不一定是你预期的东西，也不一定是今天布施了，明天就能收到回报，但是一定是会有的。但投资却只是为了得到一些物质上的回报，得不到回报那就是失败的。所以，我们爱孩子，培养孩子，都应该以这种不求回报的布施心态，无条件地对孩子付出我们的爱，让他真正获得快乐和幸福。

## 你愿意为孩子负多少责

信念决定行为，行为决定成果。如果你的信念是"我爱孩子，我要对他负100%的责任"，那么当孩子出现问题的时候，你做的就不会是一味指责、埋怨，而是积极地寻找解决方法，采取行动。

我们总说自己是爱孩子的。体现在哪里呢？大部分家长的想法是，爱孩子就是对他负责。那么，对待孩子的教育问题，你愿意为孩子负多少责呢？

每次拿这个问题来问参加培训的家长，我得到的回答总是五花八门。有的人说，家长最多负80%的责任，剩下的责任老师负10%，学校负5%，孩子自己负5%；有的人说，家长的责任是40%，孩子本身的责任是40%，学校和老师的责任各占

10%；还有的认为孩子要负 100% 的责任；也有考虑问题比较仔细的家长，认为家长负多少责是有时间阶段的，孩子上学的时候和不上学的时候，父母的责任是不一样的。

这个问题谁回答得对？都对。有标准答案吗？没有。其实，"负多少责任"这个问题不是数学或逻辑问题。因为，没有任何一个国家规定，父母对孩子负的责任必须是 80%，还是 50%。那为什么我每次上课都会问家长们这个问题呢？讨论它的目的究竟是什么呢？

一句话，信念决定行为，行为决定成果。怎么说？假设你的孩子有这样或者那样的"问题"，比如不爱学习、沉迷游戏等。如果你觉得这些"问题"都是孩子的事情，跟你没有关系，你会不会用心去想办法，去采取行动？不会，对不对？那如果你什么都不做，孩子会不会自动发生变化？答案显而易见，肯定不会。

但是，如果你的信念是孩子的这些"问题"你要负 100% 的责任，那当孩子不爱学习，或者沉迷于游戏时，你又会如何呢？你会着急，你会想办法和孩子沟通。你会了解他的生活，在学校怎么样，跟老师、同学的关系怎么样。你还会主动找老师去了解孩子的情况，甚至你会反思，是不是自己的教育方法有问题。你可能还会去买书学习或者请教一些教育专家，学习应该怎么样教育孩子。等到用心地去做了这些，有了这些行动后，你觉得孩子会怎样？肯定会有所变化。如果你只打算负50%的责任，信念决定行为，你的行动也只会有50%，你可能了解一下就算了，或者该说几句就说几句。那行为决定成果，成果也就只能产生50%的改变。

所以说，"负多少责任"这个问题不是用数字来衡量的，也不是用脑子来分析的，而是应该用心去体会的，因为这完全是每个人自己的选择。当然，你可以选择少负责任，甚至不负责任。但是将来，你要为今天这个少负责任的选择负全部的责任。

## 孩子收不到的爱，不是真的爱

　　我们父母经常会犯一个错，那就是用自己的主观意识来判断自己对孩子的爱。但是，如果被爱的那个人，也就是我们的孩子感受不到这些爱，那我们付出再多也是无用功。

　　很多家长都跟我说，他知道要无条件地爱孩子，不把爱和孩子的表现挂钩，可现在最大的问题是，孩子根本就感觉不到他的爱。关于这个问题，我想先跟大家分享一个故事。

　　有一次，我在太原碰到一位爸爸。他一直跟我说自己对孩子多么多么爱，为了更好地和孩子交流，自己做了很多努力。但是孩子丝毫不领情，回家后不理他，也不听他的话。每次他想跟孩子说点什么，孩子的反应都是："哎呀，别说了，别说了，我知道了。"弄得他每次都没办法继续往下说。

　　听完这个爸爸的话之后，我问他："你真的很爱你的孩子？"

"当然！"他毫不犹豫地回答。

"那你具体描述一下，你是怎样爱孩子的？"我继续问他。

"我是全身心地爱他啊！如果他遇到危险的话，我甚至可以拿我的命去保护他。"他自豪地回答。

这个爸爸是真的如他所说，很爱很爱自己的孩子吗？听起来，貌似是这样的。但是，我之前看过一个视频。在非洲的一个牧场里，有三只狮子试图攻击牛群。于是，公牛爸爸们不顾一切地拼死保护小牛崽们，结果五六头公牛居然把三只狮子顶跑了，它们的孩子被保护了下来。这说明什么？这说明，舍命保护孩子是父母的天性。动物尚且如此，何况我们人类呢？

接着，我又问他："既然你说很爱你的孩子，那我问你几个问题。你了解你的孩子吗？你知不知道他最要好的同学是谁？"

"这个我不知道。"他的回答很诚实。

"那你知不知道，你的孩子最喜欢穿什么样子的衣服？"我问道。

"这个我不知道。"他答道。

"你知不知道，你的孩子最喜欢看什么书？"我继续问。

"这个我不知道。"他答道。

"你知不知道，你的孩子最喜欢的明星是谁？"我接着问。

"这个我不知道。"他答道。

…………

我问了十几个问题，他一个都不知道。如果这十几个问题，有几个不知道那还说得过去，一个都不知道，在这样的情况下，他居然还说自己是真的很爱很爱孩子。

他对孩子的爱不过是停留在嘴上。既然除了学习成绩，你对孩子的世界一无所知，根本就不知道孩子是一个怎样的人，你怎么可能跟他聊得来！那既然连聊都没法聊，你对他的爱，他能收得到吗？孩子收不到的爱，不是真的爱。

曾经有人在一所初中，对一百位学生和他们的家长进行调查。调查中，有一个问题是这样的："爸爸和妈妈，你们爱你们的孩子吗？"答案是惊人的统一，爱！之后，调查人员又用同样的问题去问这一百位学生："孩子，你觉得你的爸爸妈妈爱你吗？"结果只有百分之六十多的学生回答"爱"，有百分之三十多的学生认为父母不爱自己。也就是说，认为父母不爱自己的学生占三分之一。这三分之一的学生收不到父母的爱，那对这些孩子来说，父母就是不爱自己的。

我还经常听到孩子说这样的话："我知道父母心里是爱我的。"这句话的潜台词是什么？我知道他们爱我，但是我收不到！

那么，父母的爱如何才能被孩子收到呢？关心孩子的温饱冷暖只能算第一步，我相信这一步很多父母都能做到；然后是保护孩子的安全，避免各种意外伤害；再进一步，就是去真正地了解孩子，尊重孩子，走进他的内心世界。要做到这一步，不容易！

但是，只要你放下内心的一些执着和成见，以孩子的感受为核心，对他的喜怒哀乐都很重视，并且给予孩子信任，那你很快就能看到孩子最真实的一面和他的世界。当你真正看到孩子的世界，你和孩子的交流就不会只停留在"作业做完了没有""考试准备考多少分"这种层面上。你和他的关系建立起来了，孩子自然就能够收到你的爱。

## 陪伴是给孩子最好的礼物

> 孩子对父母的依恋是与生俱来的。与其给孩子锦衣玉食，不如陪伴他成长，给他一个安全的、健康的、快乐的童年。

我儿子小时候，有一阵子我和老婆工作都特别忙，没法照顾他，只能把他送到乡下请我姑妈帮忙照顾。通常，我们周日的下午把儿子送过去，周五下午再把他接回来。有一次，我们把儿子接回来后，陪儿子在家玩了一天。到了傍晚的时候，准备带他到楼下小区转一转。以前我家住五楼，没有电梯，下楼要走楼梯。开始从家往楼下走的时候，儿子很开心，和我有说有笑的。我抱着他走在前面，他妈妈跟在我们后面。快到一楼的时候，儿子突然不说话了。我正想着儿子情绪怎么这么快就变了，儿子突然转过身对他妈妈说："妈妈，今天晚上我住你家可以吗？"

听到这句话，我真的是浑身一震。儿子怎么会说出这样的话，难道他认为这不是他的家吗？他的心里到底是怎么想的？后来我明白了，他想的是"白天玩了一天，现在下楼了，肯定是又要送我走了，这里不是我的家"。所以说，孩子对父母的依恋，真的是与生俱来的。在他们的这个阶段，就是需要父母的陪伴。儿子那么一问，真的就把我问醒了。

可能有家长会说，肯定是我儿子在我姑妈家过得不好才会这样。但其实，在我姑妈家，我有两个表妹，比儿子大十来岁；还有个表弟，大他五六岁。全家把他当成宝贝一样，好得不得了，而且农村有更多好玩的东西。我原先也以为把儿子送到姑妈家，有这么多孩子和他一起玩，大家都对他很好，他就会很开心，不会太想家。但儿子在那边过了五天，回家跟我们在一起才短短的一天时间，居然不愿意去了。

认真思考之后我懂了，其实孩子心里想要的是什么？跟父母在一起，有自己的爸爸妈妈陪着。其他的人，哪怕对他再好，跟他玩得再开心，也无法替代父母的陪伴，任何人，包括爷爷奶奶、外公外婆，谁都替代不了。所以自打那件事以后，我和老婆商量决定，以后我们无论多艰难，条件多不好，都要把孩子带在身边。没过多久，我就把孩子从我姑妈家彻底接回来了。我们请了一个保姆。白天，儿子由保姆陪着，晚上我们回家，孩子就能见到我们。这样，我们虽然还是不能全天陪着他，但陪他的时间比以前多了很多。

或许有些人会说，没那么严重，孩子也没有说什么，他看起来也过得挺开心。其实有些东西，孩子可能不会说，但他不说不代表他心里没有那些感受。童年时期这种亲情上的缺失，对孩子的伤害尤其严重。这种伤害不是说下个月或者是明年马上就能够表现出来，有可能在十几年、几十年后，这种伤害才会表现出来。

看得见的伤害我们往往不需要太担心，因为我们看到它了，就能够想办法修复它。只有看不见的伤害，才伤害得更深、更厉害。尤其这种心理上的伤害，孩子自己都没有察觉，更别说我们做父母的。但是终有一天，这些东西都会爆发出来，那时我们是要付出代价的。而那时候，我们可能再陪他多久都弥补不了了。

如果你现在跟孩子还是分离的状态，不管是把孩子放在老人身边还是放在那种寄宿式的幼儿园，我真的建议你还是尽早把他接回身边。如果你真的是没办法把他带在身边，那么12岁是一个分界点。12岁之前，最好不要把孩子送出去，特别是 6 岁之前，绝不要把孩子送出去，无论那个地方物质条件多好，或者老师多好，或者是教育理念多先进等。12 岁以后，他基本上已经建立起自己内心的架构了，自信心已经建立起来了，这个时候可以。更适合的时间，那就到 16 岁。16 岁以后，高中了，这个时候你把孩子送过去，基本上不会有什么太大的影响。

有的家长可能会说，我现在忙啊，我有事业，我要赚钱啊，我做这些都是为了让他有个更好的将来啊。是，你是能够让你的孩子不愁吃不愁穿，还可能会给他留下一大笔的财产，什么宝马车、别墅，甚至是你的事业都可以直接让他继承，他连工作都不用找。但你知道吗？一个在童年缺少父母陪伴的孩子，一个亲情缺失的孩子，一个没有在父母爱的环境下长大的孩子，他的内心是什么样的？是脆弱的、不安的、迷茫的。所有这些内心的不安、脆弱和焦虑表现出来的可能会是什么呢？不自信，狂躁，对生活没有热情，感觉不到乐趣，等等。这样的人，即便拥有再好的物质生活，他也没办法真正得到幸福，因为他的内心是不安宁的。

所以，在这儿我要对所有家长说，爱孩子就在他最需要你、最离不开你的时候陪伴他。让他有一个幸福快乐的童年，这对孩子来说就是最好的礼物。

## 爱像水一样柔软而有力

> 水，天下之至柔，驰骋天下之至坚。正因为
> 水是天下最柔软的东西，所以它才能融化天下最
> 坚硬的东西。爱也是如此，虽然无形，却有非常
> 强大的力量。

爱是无形的，像水一样柔软，但它的力量却非常强大。尤其对孩子的教育来说，爱具有非常深远的影响力。

我的中学是在农村上的，那会儿我们班上有个叫金星的男同学，特别顽皮，总爱恶作剧。我们都讨厌他，老师也很头疼。一天中午，他看到有两个女同学进了女厕所，就在男厕里，拿了一块很大的石头砸下去。农村的学校，条件都很艰苦，那会儿的男女厕所下面是相通的一个大粪坑，只用一块板隔开。金星那么一砸，弄得那两个女同学一身污秽。这两个女同学还有其他看见的人，都去负责管纪律的体育老师那里

告状。

体育老师一听说这事儿，立马找到金星，把他拎到办公室，问他为什么用石头砸粪坑，但金星却死活不承认是他干的。一开始，体育老师还很有耐心地跟他说道理，但他还是不承认。现在老师都知道不能体罚孩子，但那时，老师们哪里管这些？体育老师的怒火起来后，一开始是打金星耳光，后来拳脚都来了。体育老师越是打他，他就越坚持说不是他干的，边说还边使劲地、很吓人地瞪眼睛，眼里满是仇恨。于是，体育老师越打越气，越气打得越用力。结果，金星被打得满脸都是眼泪、鼻涕、汗，嘴角也有血。

因为平时金星总欺负我们，现在他被老师打了，我们都来看热闹。上课铃响了，我们就回教室上课；下课了，就又跑过去看。但整个下午过去了，金星就是不承认这件事是他做的。到放学的时候，隔壁班教语文的一位女老师来了，姓诸。诸老师一看这阵势，就问这是怎么啦。体育老师噼里啪啦地跟她说了情况，末了还很气愤地说："就得揍他。"诸老师听完后对体育老师说："哎哟，就算是这样子也不能打人的。"然后又对金星说："来，到这儿来，到诸老师这儿来。"一边说一边紧紧地把金星往她办公室里拉。这时候，金星越发起劲地哭了起来，好像很冤枉的样子，怎么都拉不动。但是慢慢地，他就移动了，被带到诸老师的办公桌旁边。之后，诸老师倒了一盆热水，拧了块热毛巾，给他擦脸上的血和汗。刚开始的时候，金星身体绷得很直，手也攥得紧紧的，是很对抗的。但擦着擦着，他的手也松开了，身体也放松下来了。擦完后，诸老师轻轻地问他：

"石头是不是你砸下去的？"金星点点头。

"那可不对，砸下去，你看把女同学身上搞得多脏啊，这是不对的。你知道你错了吗？"诸老师问道。

"我错了。"金星答道。

"错了怎么办？"金星不说话了。

"如果你错了，就应该向对方道歉。而且还要写检讨书，可不可以？"诸老师问道。

"可以。"金星回答道。

"明天早上，我们做早操的时候，你要把检讨书在大会上读一下，向全校所有的人做检讨，可不可以？"诸老师继续问道。

"可以。"金星答道。

无论诸老师说什么，金星都回答"可以"，而且马上就认错，说完之后还一头埋在诸老师的怀里号啕大哭。你们说，金星这时候的哭跟刚才的还一样吗？再看看诸老师有说什么大道理没有？有惩罚、威胁他没有？都没有。她只是用了与生俱来的、女性身上那种特有的慈爱，温柔地帮他擦了擦汗，洗了一把脸，金星立刻就柔软下来了。

其实金星是一个缺少关爱和关注的孩子。他家里条件不好，父母根本不管他，在学校里面成绩差，和同学的关系又不好，于是长期得不到关注。被关注、被关爱是一种与生俱来的需求，就像人生下来就要呼吸一样，每个人都需要。

但是同学和老师如何对待金星呢？他们都觉得金星老捉弄别人很讨厌，所以都不喜欢他。他傻吗？他不知道捉弄老师、同学会有什么后果？可他宁可被打一顿，只要能证明自己是存在的。为什么诸老师什么道理也没讲，只是轻轻地帮他把脸擦干净，金星就立刻软下来，听话了？因为他感觉到被关爱了，他感受到那种被人关心的感觉了，对不对？

后来，金星读到初二的时候，因为家庭条件太差辍学了。辍学后，他拜村里的一个老中医学医。之后，他自己在村里开了一个中药店，现在也是很受尊敬的一个人。而且，自从他辍学后，至少有十年的时间，每年正月初一，他都要到诸老师家拜年。就连结婚，他唯一请的老师，也是这位诸老师。我们老同学聚会的时候，他也经常跟我们说，是诸老师改变了他的一生。由此可见，爱的力量是多么伟大！

还有一件事情，我印象深刻。上小学的时候，有一位教我们语文的陈老师。当年教我们的时候，陈老师好像刚刚高中毕业。但是，她对我们真的是很关心、很爱护，课余时间还教我们唱歌、跳舞。有一天上课的时候，我本来要叫陈老师，结果一张嘴就叫成了妈。当时全班同学都起哄，说怎么叫陈老师妈妈，陈老师都还没有结婚呢。现在回想起来，就是因为潜意识里，我真的感觉陈老师就像妈妈一样爱我、关心我。

在这里，我想顺便多说一点。作为老师，如果你只教学生知识，学生会记得你几年；如果你真正爱学生，学生可能会记得你几十年。我的小学、中学时代已经过去三十多年了，但我和我的同学们还是会经常去探望我们的老师。

老师是如此，父母就更是如此了。如果你对孩子的爱，真的很纯净，很无私，没有条件，那你的孩子会感受到你内心对他的关注、关心和爱护，他自然就愿意听你说的话，愿意相信你。很多父母总是执着于要对孩子用什么样的教育方法，然而事实是，不以爱为核心的教育方法都只是空有其表，一点效果都没有。而且，你越是用这些硬邦邦的方法和手段去对待孩子，孩子就越是不听你的，甚至会故意跟你反着来。

曾经有个妈妈因为有网瘾的孩子经常离家出走而来找我咨询，问我怎么办。这个妈妈一直说自己后悔、自责、心痛，可是我跟她交流时感觉她很强势。基本上，她很难听进我说的话，也不接受我为她提供的方法和建议，一切都得按照她的思路来。很显然，生活当中她对孩子必然也是同样的方式，孩子又怎能感受到爱的温暖、柔美？所以，对于这个妈妈的苦恼，我的回答是：除非她改变她那种强势、强硬的方式，让孩子感受到温暖、柔软的母爱；否则，她希望孩子改变的愿望终归是要落空的，谁都帮不了她。

## 一张图看清你和孩子的关系

　　父母的爱是让孩子建立强大内心的最大助力，更是建立和谐亲子关系的基础。和孩子没有紧密美好的亲子关系，那我们对孩子的一切引导和帮助都很难实现。

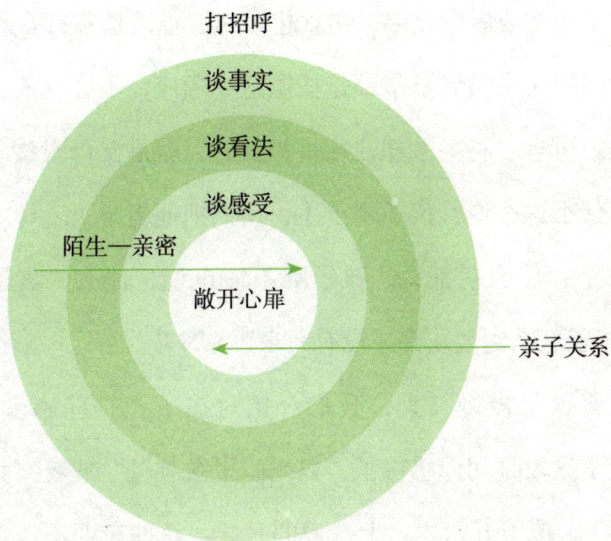

打招呼

谈事实

谈看法

谈感受

陌生—亲密

敞开心扉

亲子关系

这张图是人与人之间从陌生到亲密的关系图。

刚接触一个人的时候，我们通常是先打招呼，比如"你好""早上好"。打完招呼要是觉得好像不喜欢这个人，这个人挺讨厌的，那可能就没有下一步了。如果互相打了招呼，都感觉对方不错，接下来就会谈一点事实，比如"你叫什么名字""来自哪里""有几个孩子"等。聊完这些，感觉还不错，那就再进一步，开始交流一些看法，比如"你觉得教育难不难""你是怎么看孩子的教育的"之类的。谈完这些看法，感觉还不错，就再进一步，谈一些感受，"哎呀，我那个孩子，让人头疼得不得了"或者"我这段时间，真的是太麻烦了，日子不好过"。如果还不错，那再进一步就是敞开心扉，什么都谈，成了闺蜜或者好兄弟，建立起最为核心、紧密的关系。

人类的关系发展基本都是按照这个顺序，不会交浅言深，倒着来。可有一种关系却往往是相反的，就是父母跟孩子的关系。为什么这么说？孩子刚出生，我们把他当宝贝一样。妈妈抱着孩子，什么话都说，孩子听不懂也说，什么"孩子我爱你""爸爸怎么到现在都还没有回来"，等等。

随着孩子慢慢长大，我们开始对孩子说一些感受，"哎哟，孩子这段时间你感冒了，妈妈心里很难过"或者"我自己很开心"。孩子五六岁、七八岁的时候，这些东西不谈了，只谈什么？看法。"孩子，你觉得钢琴好学，还是跳舞好学""你觉得这个学校怎么样""你觉得老师怎么样"，等等。孩子慢慢长大，连这些看法都不谈了，只谈事实，"你明天几节课""明天有没有课"或者"这个星期天你准备干什么"。可能等到孩子十五六岁的时候，连这些事实都不谈了，只打招呼。孩子一回来说一句，"妈，我回来了"，然后门一关，把自己关在自己的房间里，不出来了，什么都不跟你说，除非你追着他问。

到这种情况，如果再进一步的话，那可能孩子连招呼都不打了，这个时候你和孩子的关系就彻底破裂了。一些严重的、想不到的事情，可能就会发生了。他可能会离家出走，或者在网吧里通宵达旦地玩，不回来，天天跟社会上一些小混混待在一起。这时你已经根本控制不了了，你不知道他会干什么，因为你根本不了解他，你们的心距离很远了。这时候，你们还能谈什么呢？

我们不妨用这张图检视一下自己跟孩子的关系处在哪个阶段，现在跟他谈的都是什么。如果你和孩子的关系在中间位置，那恭喜你。不过，还要看孩子现在多大，如果三五岁，在这里是很正常的。如果孩子十几岁，二十几岁，还在这个地方，那说明你和孩子的关系处理得很好，你们之间的关系是良好的、稳定的，那么你对他的一些教育或指引也一定是有效的。如果向外走，走到外两层的话，就要警觉了。这已经到谈事实的阶段了，再往下走就是打招呼，对吧？如果连招呼都不打，麻烦就大了。

但我想，很多家长跟孩子之间的关系，都停留在谈事实这个阶段，甚至是打招呼这个阶段。这些家长真的需要好好反思自己，接着去学习、去修炼自己。现在不提升自己，总有一天，我们就要为今天对孩子的漠视和忽略付出代价。我就看过、听过很多这样的例子，都是家庭教育不是很成功，父母无法影响孩子，最后孩子离家出走，甚至干出一些愚蠢的事情，自杀的，杀人的。所以，如果你真的爱孩子，就要重视跟孩子之间的关系，这直接关系着你对他的教育是否有效。

因为，关系是一切教育的基础。

# 02 欣赏让孩子
充满能量

每个人的心中都根植着一种价值标准，这让我们总是不经意地对孩子产生判断，因而有了接纳和拒绝的不同对待。而欣赏就是要超越这种价值标准，无论孩子的表现是否优秀，去欣赏他，去爱他！

## 真正的欣赏需要放下我们内心的成见

> 有些家长能够真正地欣赏自己的孩子，觉得看孩子哪儿都好，并不是因为这个孩子真的很完美、毫无缺点，而是因为他们内心对孩子没有过多的标准和成见。

有一次，我遇到一个妈妈来咨询。她说她女儿八九岁了，性格比较内向。之前，她帮女儿报了一个音乐特长班，学唱歌，平时唱得很不错，但就是不敢上台。音乐班的老师也建议她女儿多上台锻炼。但是孩子对这件事挺逆反的，该怎么办？

听完她说的情况，我就问："你有没有问孩子为什么不敢上台呢？"那位妈妈回答说："我问啦。我问她，你是不是紧张？她就点点头。然后我就安慰她：'每个人第一次做一件事情的时候都是会有点紧张的。妈妈之前上学的时候，第一次上台表演也是很紧张的。这很正常。'我还说：'如果你什么都会了，什么都不害怕了，那你就不是孩子了。你看，妈妈现在已经是大人了，但也还是有很多事儿不会，也会遇到那种让我紧张的事情。'我就这样一直鼓励她，但是好像没什么作用。"

"你为什么一定要让孩子上台呢？"我又问她。

她说："我是想让她有一个突破。其实，之前接触到欣赏教育这一块儿，我心里就有一个想法，那就是希望让孩子有一个突破。我现在已经完全欣赏她了。我现在从内心觉得，我女儿是很优秀的。但是，我总觉得她还应该比现在更优秀。我女儿吧，你让她做什么她都能做，但是永远不会自己冲出去，不像别的孩子那样积极性很高，所以，我就想让她自己定一个更高的目标，不要像现在这样高不高、低不低的。我觉得人吧，不管是多少岁，都得是一个台阶一个台阶往上走，应该有一种不断向上走的状态。但我女儿现在完全就没有这种状态，有什么办法能帮她把内心的激情和潜力激发出来，让她更优秀？"

看完这么一大段话，你感觉到了什么？她是真的欣赏自己的孩子吗？她虽然嘴上说是真的欣赏女儿，也觉得女儿很优秀，但关于女儿哪儿优秀、怎么优秀，她却一点儿都没有描述，也没有表现出很兴奋。说的话还是在计较孩子不上台，不像别的孩子有积极性，对自己要求不够高，这到底是欣赏，还是挑剔？

　　生活当中，很多家长也像那位妈妈一样，只是嘴上说我要欣赏孩子。可你们知道吗？要真正欣赏孩子并不容易，这需要放下我们内心对孩子的成见和标准，客观中立地去认可孩子的表现。如果你真心地认为孩子很好，很客观地看待自己孩子的表现，而不是去跟别人家的孩子比较，那你对他是不会有什么不放心、不喜欢的。你只会觉得，哎呀，我的女儿才八九岁，但是已经能唱得这么好，很不错啦。各位家长能做得到这些吗？我们总是一味地挑剔孩子，总是对他有很多要求，就跟一个黑洞一样，无止境。

　　孩子唱得不好，我们就想："哎哟，怎么唱得这么难听啊？要是像某某家的孩子那样唱得那么好听，哪怕不上台，我也很开心啊。"然而当孩子唱得好了呢，又会像上面那位妈妈一样说感觉孩子没有什么激情，要是她能多上台锻炼就好了，哪怕表现不好也没关系的。但如果孩子不紧张了，真的鼓起勇气上台了，但没表现好，你可能又有要求了："刚刚你不是不紧张了吗？不紧张了，怎么还唱成这样啊？还不如你在台下唱的呢。"会不会这样？你对孩子总是不满意，哪怕她这一刻表现得像天才一样，你还是可以找出她不足的部分。

　　所以说，我们想真正地欣赏孩子，第一件要做的事就是放下自己的偏见和标准，不要老从自己的角度去看问题。你的那些价值判断、评判标准，你觉得应该要怎么怎么样的东西，趁早扔掉。只有这样，你的心才是空的，你才能发现，孩子现在这些表现是真的很好，你要去珍惜他的这些表现。也只有这样，你才能真正发自内心地去认可和接纳孩子。要是你还总想在孩子身上挑出点儿不好的来，那不妨先问问自己，假如自己的老公、婆婆也用这样的方式去"欣赏"自己，自己是否有被欣赏的感觉。这样换位思考一下，也许你就知道自己应该怎么做了。

## 欣赏让孩子的优点越来越多

> 儿时一次偶然的经历，让我明白了一个道理：当你关注孩子的缺点时，他的缺点不但不会改善，甚至可能会越来越多；但当你把关注点放在孩子的优点上并且真诚地赞美他时，孩子的优点反而会越来越多。

在农村长大的孩子，特别是男孩子，八九岁，有些甚至六七岁就帮父母下田干农活了。我也一样，有时候也要帮家里干农活，比如割麦子。

我小时候身体不太壮，所以割小麦的时候速度比较慢。但是我有一个特点，每次割麦子的时候，我都很小心谨慎，所以我割完的小麦都干干净净，放得也整整齐齐。但我父母还是经常骂我："割了半天，你才割这么一点！这么慢，你就不能快一点？"每次他们这样说，我心里都觉得不舒服，老想找借口不干，说要回家写作业什么的。

巧的是，隔壁家的儿子长得跟我一样高，但比我小一岁，他割小麦的情况正好跟我相反。他割得很快，但是总割不干净，而且每次割完都把小麦随便放在地上，所以他父母也经常骂他："你怎么回事？为什么不能好好放在那里，放得乱七八糟的，你能不能仔细点？看隔壁那个哥哥，做得多好，割得干干净净、整整齐齐。"

有一天，我也不记得是什么原因了，我们换了一下。我到他家割麦子，他到我家割麦子。你们猜发生了什么事儿？我到他家干活以后，那个叔叔就说："你这孩子干活就是仔细，麦子割得干干净净，放得整整齐齐的，慢一点又有什么要紧的。"我听了这话心里很舒服，就想我要割得快一点。这一快，那个叔叔就又表扬我了，所以我干得更起劲儿了，最后割得是又快又干净。

隔壁的男孩儿到我家去割麦子，我爸爸怎么对他说的呢？我爸爸说："你比哥哥小一岁，居然割得比他还要快。"那个男孩儿说："但是，我没有他割得干净。"我爸就说："没有割干净没有关系，你看你割得多快呀。"这么一说，他听了也很开心，割的时候就更仔细了，放的时候也更整齐了。他一进步，我爸立刻又夸他："看，你现在割得又快又干净，还放得那么整齐，真好！"那孩子一听，干活儿就更带劲儿了。

到了晚上，我不愿意回我家吃饭，他也不愿意回他家吃饭。我要到他家吃，他要到我家吃。当时农村的一顿饭能有多好，但那顿饭我吃得好开心，觉得那是我吃过的最好吃的一顿饭了，他的感觉也跟我一样。吃完饭回家以后，我父母就问我："你明天到谁家呢？"我到谁家？我肯定到他家，他也肯定到我家里，所以我们继续交换。我们这样交换了两三天。这几天里，我干活干得全身酸痛，但是很开心，觉得自己像英雄一样了不起。

就是儿时这次偶然的经历，让我在后来教育自己的孩子时明白了一个道理：就是当你关注孩子的缺点时，他的缺点不但不会改善，还可能会越来越多；但当你把关注点放在孩子的优点上并且真诚地赞美他时，他的优点就会越来越多。因为人都是希望被夸奖、被表扬的。优点被看到，人的心理能量就会提升，就能发展出更多的优点；而看人的缺点呢，只会把人的心理能量越看越低。比如你今天穿了一条新裙子，你的同事看到后说："哎呀，这裙子真好看。"听到这样一句话，你的心情怎么样？很好，对不对？那心情好了之后，工作效率自然也高。这时候如果另一个同事说，这裙子也就一般，你是不是立刻就感觉一盆冷水浇下来了？

我们习惯于对自己的孩子挑刺多于赞美，但是看别人家的孩子呢，就都是优点。而且，就算是看到缺点，我们也不好意思说。所以当我和隔壁的男孩换着干活的时候，他父母从来没有说过我割麦子割得太慢了，要快一点什么的。快点是谁要求的？是我自己。是我听到他们夸我，我心里很开心，才非要自己割得快点。

其实不仅在家里是这样，在企业中也一样。有的时候我们会发现，一些人在这个公司可能干得很好，在别的公司却干不好，为什么？是因为有些管理者每天把眼睛瞪起来，就知道找毛病、缺点。总觉得你这个也干得不好，那个也干得不好。我还听到有一些老板说公司的员工一个个猪头一样，什么都做不好。其实说这些话的人，才是公司里面最猪头的！一个人即使他真的不咋地，他也一定有优点。既然你把他招聘到公司，肯定是发现这个人是可用的，他具备一些基本的条件。但为什么到了你这里以后，他越来越没有用了？还不是你把他打造成这样的。

有一句话叫：如果你看人之大，天下无不可用之人；如果你看人之小，天下无可用之人。所以在这儿我想提醒家长们，如果你想让你的孩子越来越优秀，不要一天到晚盯着孩子的缺点。你越是把关注点放在孩子的优点上，赞美他，他的能量就越来越积极，进步的动力也会越来越足。

## 表扬孩子时别说"但是"

> 对孩子而言，他们听到心里去的都是"但是"之后的话，所以，不管你之前说了多少表扬、夸奖他们的话，只要有这个"但是"在，一切的褒奖都是无效的。

　　我记得儿子读初二的时候，有一天我去接他。那一天，我故意早到了半个小时。我就想去找老师聊聊，了解一下他的学习情况，看看他最近表现得怎么样。我找到儿子的班主任，也是他的英语老师，吴老师，跟他聊了半个小时。放学接儿子上车后，我就跟他说："儿子，刚才爸爸碰到你们班主任吴老师了。"我儿子看着我说："爸爸，你刚才不是碰到，是找到，碰到和找到是不一样的。吴老师说了什么？"我一边在心里感叹儿子真厉害，一边说："吴老师说你最近表现得很好，你又进步了。"我正想说下去，他马上说："爸爸，你直接说'但是'吧。"因为在此之前，我说过很多的"但是"，他已经知道我说话的套路了。说了几句表扬的话以后，我接着就说他还要继续努力，哪里还要改正、提高等。

后来我明白了，每次我这样说话的时候，孩子是根本收不到我前面对他的夸奖和表扬的。他听到心里去的就只有"但是"之后的话。而事实上，我真正想说的也确实是"但是"之后的那些话。孩子们是很敏感的，他们非常清楚，哪些才是你想要表达、想要对他们说的。因此，这种欣赏对孩子而言就是假的，不会有太大的作用，孩子也不会有被欣赏的那种喜悦自豪的感觉。后来我就不这么做了。

这是后来有一次考试，我儿子的成绩单：

| 语文<br>（满分：150） | 数学<br>（满分：100） | 物理<br>（满分：100） | 化学<br>（满分：100） | 英语<br>（满分：100） | 总成绩 |
|---|---|---|---|---|---|
| 61<br>（不及格） | 100 | 95<br>（全班第二） | 92<br>（全班第三） | 78<br>（不到平均分） | 全班第12名，上一次是全班第1名 |

收到这张成绩单后，我决定跟儿子聊一聊。当天晚上吃饭的时候，我就问儿子："儿子，你数学这次考了满分。你们班上有几个满分的？"

"两个。"儿子随口回答。

"满分就只有两个人啊，那你太厉害了。你们学校可是号称数学家的摇篮，像苏步青、谷超豪这些一流的数学家，都是你们学校出来的。在这样的学校里面，你居然还能够考满分，那不得了了。你知道吗，当年老爸学习成绩也是不错的。但是到了高中，我的数学成绩基本上没有超过80分的。你居然能考满分，太厉害了！物理呢？你考第几？"

"物理我第二，最高是97分。"

"你第二，也很厉害。化学？"

"化学我第三，最高是95分。"

"那数理化，你都是班里前三名了！将来考理科的话，你太有优势了。太厉害了，居然能够全部考前三名。"

然后他看着我说："爸爸，你没有看到我的语文只有61分吗？"

我说："怎么回事，语文怎么只有61分？初升高的考试，你的语文可是全班第一的。"

"爸爸，你知道吗？语文的作文满分是60分，可是这次我的作文只得了20分，扣掉了40分。"

"这是怎么回事？我记得，你的作文一直写得很好啊。"

"哎呀，这次我是想往一个新颖的角度去写，结果改卷的老师说我写离题了，就只给了20分。"

"哦，这样啊，那怎么办呢？"

"爸爸，我总结过了。以后，我平时写作文就写得新颖一点。要是考试，特别是大考试的时候，我就写得稳当一点。"

"你能这样思考问题，我觉得你这次考离题了比不考离题还要好，因为你有经验了，你知道大考的时候该怎么办了，这个真是太好了。不过，你的英语是怎么啦？你原来是外国语学校毕业的，而且，你之前每次都考得很好啊。"

"爸爸，你不知道，其实我的英语不好。"

"你每次英语成绩都那么高，怎么会不好呢？"

"我就是会考而已。但我的英语基础一点也不好，特别是我的听力。这次考试，我的听力丢分多，再加上还有其他地方的错误，最后的分数就不到班级平均分了。"

"啊，是这样子，那怎么办？"

"我想过了，我决定以后每天上午听 15 分钟英语，晚上睡觉前也听 15 分钟英语。"

"你能坚持吗？"

"能坚持。如果我忘了的话，你们提醒我一下就好了。"

"那这件事情，我是不会干的。你找你妈妈，让你妈妈提醒你。你可以在平时自己听的时候，把声音放得大一些。这样，万一你忘记的那天，妈妈听不到放英语的声音，自然就会提醒你了。这样你看可不可以？"

"嗯，可以。"

之后我又对儿子说："儿子，你这样总结之后，爸爸坚定地相信，你下一次的语文、英语也会考得像数理化那么好。"然后我就结束了和儿子的谈话。

我这样和儿子聊完后，他感觉怎么样我没问过他，但儿子离开时，我看到他脸上堆满了笑容，表情、肢体都很轻松，走路也很有劲儿。之前我每次按照那种带着"但是"的方式跟他说完，他是怎么样的呢？不说话，低着头走了，走路一点儿力气都没有，背都直不起来。恐怕很多家长现在跟孩子聊完都是我以前那样的情况。

为什么区别这么大呢？是因为我一拿到成绩单，首先就看到了儿子考得好的那几门课，而且也客观地分析了一下，考得是真的很不错的。我找儿子聊天也不是为了批评他，或者挑他的刺，不是为了说"但是"，而是为了把儿子的情绪调整好，帮助他找到下一步的学习方法。怀着这样的想法，所以我对孩子说出来的话是："经过这样的总结，爸爸绝对相信你，下一次语文和英语也会考得像数理化那么好的。"这是什么？是相信，是真的欣赏。相信，是一种力量，是会把人的心理能量向上拉的一个很有魔力的词。正是因为我给他传达的是这样正面的能量，所以孩子听完立刻就精神抖擞、信心满满了。而且，在整个对话过程中，我都是引导孩子说，而不是我自己说一些大道理，这也是很重要的一点。

所以说，有"但是"的欣赏根本不是真正的欣赏，那是假的，都是铺垫，为了后面批评他、指责他而做的铺垫。这样的欣赏，肯定是没有效果的，孩子的反应就会像我的孩子原来对我说的那样——你直接说"但是"吧。

## 用鼓励培养孩子的独创性思维

> 授人以鱼不如授人以渔。在这个信息化的时代，知识本身并没有太大的价值，让孩子认识再多的字，背再多的唐诗宋词，都不如让他拥有获取知识的能力和独创的思维模式重要。

　　我再讲一件我孩子的事。到今天我仍然觉得一个高二的学生能说出那样的话，真令我惊讶和佩服。

　　记得那是一个星期天，我在家没事儿，就对儿子说："儿子，今天老爸没事儿，不如你推荐一本书给我看吧。"

　　"我床头有三本，你自己去拿。"他对我说。我走到儿子的床头，拿起了《论语新解》，很厚，是国学大师钱穆写的。看到我挑了这本书，儿子对我说："老爸，你最好别拿这一本。"

　　"为什么？"我不解地问道。

"你未必能看得懂。"儿子说。

"你这个家伙，你一个高中生都能看懂，我看不懂？"我不屑地说。

"如果你非要看，那就拿去看吧。"儿子说。

"你要这么说的话，我还就非看这一本不可了。"我说。

之后，我就拿着这本《论语新解》到自己房间去看了。中午吃饭的时候，我把书拿到餐桌上对儿子说："我告诉你，你老爸不但看得懂，而且还把书中的错误找出来了。"

儿子不相信地说："老爸，你别搞错了，这本书的作者可是国学大师钱穆啊。"

"国学大师又怎么样？我就是把他的错误找出来了。"我自豪地说。

"那好，你说说看，是什么错误？"儿子好奇地问。

我把书翻开，把我说有错误的那句话指给儿子看。这句话大家可能都知道，"有朋自远方来，不亦乐乎"，下一句是"学而时习之，不亦乐乎"。

我指着这句话对儿子说："这本书对这句话的解释是：'有朋友从远方来，那是一件很愉悦的事情；学习不断地复习，也是一件很快乐的事情。'这种解释是错误的。"

儿子看了看后问我："那你说说哪里错了？"

"'学而时习之'的'习'，不能解释为'复习'，要解释为'实践、实习'。哪里有什么人会觉得不断复习是一件很快乐的事情呢？"

听完我说的话，儿子思考了一会儿，然后问我："爸爸，你刚才说的这句话，是你自己想出来的，还是从哪里看来的？"

儿子一问这话，我心里禁不住感叹，我儿子太厉害了。那句话确实是我从南怀瑾的《论语别裁》中看来的。在《论语别裁》里，南怀瑾就说，"学而时习之"的"习"应该是实践的意思。他还说学习了之后，再把知识用到实践当中去，学以致用才是一件快乐的事情。

我把这些告诉儿子之后，他说："爸爸，南怀瑾要真是这么解释的话，我觉得他就算不上国学大师了。"

"什么意思，你说说？"

"南怀瑾作为一个国学大师，治学时怎么可以用反问句呢？"

"什么意思？"我还是没明白儿子的意思。

"南怀瑾不是在解释'学而时习之'的'习'时说，'哪里有什么人，会觉得学习了不断复习是一件快乐的事情？'假如我回答说，我就是这样学习了之后不断复习也觉得很快乐的人呢？如果有这种情况，他要怎么回答？"

我一听，儿子说得有道理啊。虽然南怀瑾解释这句话的时候是推理，但推理得是否合理还是应该考证一下的。比如，《论语》是两千年前写的书，那个时候，"习"有没有像这样解释的情况？如果考证了以后有，那说明这种说法是有可取之处的；如果没有，那我们就不能以当代人的思想妄自推断两千年前古人的理解和感受。

正在这时，儿子又说了："南怀瑾之所以有这种理解，是因为他不仅是一个学术家，还是一个实业家，所以他觉得要学以致用才是令人快乐的。而两千年前孔子、曾子那些人是作家、学问家，不是搞实业的，所以对于他们来说，学习了之后不断复习，然后去讲课，确实是一件很快乐的事情。你现在是去分析解释别人的话，是不能这样轻易按照自己的想法下结论的。"

听完儿子的这些话，我真的觉得儿子挺厉害的。不是说他这种说法有多么厉害，而是他的这种思考。他不人云亦云，不会你这么说了，或者南怀瑾这么说了，或者是钱穆这么说了，他就接受了。他有自己的想法和观点，并且还表达出来了。这种勇于质疑、敢于思考的思维，是一个人最宝贵的东西，比知识本身重要很多倍。

　　五十年前，大学毕业，你的知识可以用一辈子。但现在这个年代，变化太快了，不要说大学毕业，就是博士毕业，把你隔离三年，三年之后你出来，可能连基本生活都适应不了。在这个信息爆炸的时代，知识本身并没有太大的价值，反而是获得知识的能力才更重要。然而我们很多人，却只执着于让孩子获得知识，认识多少个字、背多少首唐诗宋词。但这些真的不重要，唯有建立起获得知识的那种独创性、思辨性思维，才最重要。

　　所以我的儿子在三五岁刚上幼儿园的时候，我就鼓励他做决定。这个"决定"，不是说有什么大的投资让他决定，而是生活当中的一些细节让他决定。那个时候只要是我带孩子到菜市场买菜，孩子如果跟我说："爸爸，买这个菜。"我绝不会说这个菜不好，不买。我会说："你觉得这个菜好？"他说"好"。那行，就买这个菜。人做决定的能力，不是三十岁学会的，而是从三岁到三十岁这个过程中学会的。买菜，买坏了，不新鲜，不好吃，那是他做决定必须承担的结果，从中他学到的还有一种承担的能力。

　　但很多家长不让孩子做决定，总觉得孩子还小，做不了决定，或者担心他的决定错误。可是如果你在他成长的过程中，不让他学习如何做决定，到孩子三十岁时，你让孩子去做可能关乎十万、一百万、五百万的决定，他会有这个能力吗？如果到那个时候你才让他去拍板，说不定代价就是损失几十万、几百万了。但是之前只涉及买菜那三块钱、五块钱的时候，你让他做决定，就算犯错，代价也只是三块、五块。所以，尊重孩子，就让他去做决定，让他去拍板，付出代价就付出代价，小时候不让他付出一点小代价，长大了可能就是大代价了。

　　除了很小的时候就开始让儿子做决定外，我还在别的事上鼓励他表达自己的看法。从儿子三五岁开始，如果他说的观点跟我的一样，我会对他说："儿子，这是我说过的，你能不能说一些你自己的？你能不能说点跟我不一样的？"这时孩子可能会说一些很幼稚，还可能是错误的观点。但那些幼稚和错误本身不重要，重要的是他敢不敢说，有没有自己的想法。小的时候他说出的想法很幼稚可笑，甚至是错误的，没关系，因为给了他锻炼的机会，是他成长的必修课。如果这时候你说他太幼稚，叫停或纠正他，甚至让他闭嘴，久而久之他就不愿意说了，因为他说了，你会批评他。

　　培养孩子的独创性思维，除了鼓励孩子做决定和表达自己的看法，还有很重要的一点就是不要限制他的思考。不管他的看法是怎么样的，都要支持他、欣赏他。"这是你的想法？很好，我都没有想到。"你对他说这些话时，他是非常开心的，会感觉到被鼓励。不管他说得对或错，也不要期待他三岁、八岁就说一些充满哲理的话，只要他有自己的想法就去欣赏。不断被鼓励，他就会越来越形成自己的看法，随着他逐渐长大，对世界了解更多的时候，他独特而又符合真相的看法，自然会出来。

## 欣赏需要不断练习

> 欣赏不是一个虚化的概念，而是一种具体的、实实在在的能力。这种能力就像学自行车一样，是要经过不断地训练和学习才能获得的。

有一次在温州，我遇到了一位爸爸。他跟我说："老师，你和我们分享的欣赏教育，好是好，不过我觉得也是因人而异的。"我问什么意思，他说："因为你的孩子优秀，学习好，同学关系好，性格也好，所以你总是可以欣赏他。但我的孩子，我根本找不到他的优点。找不到优点，怎么欣赏呢？我没有办法欣赏。"听了这位爸爸的话，我觉得做他的儿子真是可悲。在爸爸的眼里，孩子身上居然一个优点都找不到。

这个爸爸说完这些话，我就问他："你的孩子真的是一个优点都没有，都是缺点吗？"他回答："是啊！你看，他学习不好，成绩很差，脾气又不好，在学校里经常惹事。他老师三天两头打电话给我，我经常被老师叫过去批一顿。你说我怎么欣赏他？"

我说："你说一说孩子身上最大的缺点，最糟糕的表现是什么？"

让他说孩子缺点的时候，他来劲儿了："远的不说，就说上个星期。我接到他老师打来的电话，说他在学校里打架了，把隔壁班的同学打得鼻青脸肿，嘴巴流血。现在对方的父母都来了，在办公室里面，老师让我赶紧到学校去一趟，去处理这件事情。我问老师，我儿子为什么要打架？老师就说，我儿子有一个很好的同学，被隔壁班的同学欺负了，他就打抱不平，去跟对方论理。结果说着说着，就打起来了。我儿子力气大，把对方揍了一顿。而且老师还说，我儿子打了人还以为自己了不起似的。当她站在旁边问是谁把那个同学打了的时候，我儿子站起来很大声地回答'我打的'，那语气就好像他是英雄一样。老师让我赶紧到学校一趟。放下电话，我那个火就上来了，这个家伙，不好好学习，在学校里面打架，打别人，现在惹事了，还要把我拽过去。到了学校，走到老师办公室，一看，果然是那样。对方的孩子一把鼻涕一把泪，嘴角还挂着血。孩子的父母站在旁边，很生气的样子。再一看我儿子呢，他就跟个没事儿人一样。我走过去问我儿子，为什么打别人？他说：'因为他打我的同学。'我一听，火更大了。'打别人关你屁事。'接着，我就一个耳光打过去，把儿子打到角落里面哭去了。你看看，这种情况，我怎么去欣赏他？"

这个孩子有没有优点？有，对不对？这个孩子仗义、勇敢、有担当、有正义感、诚实，还身体强壮、力气大，是吧？要不也打不赢，打不过。而且这个孩子还很诚实，老师问是谁打的，他毫不犹豫就承认是自己打的，没有推给别人。这些都是男子汉的特质。现在拥有这些特质的孩子已经不多了，很多孩子都奉行多一事不如少一事的原则，遇事逃避、懦弱、不负责任。

但是在他爸爸的眼里，这个孩子一无是处，找都找不到可以欣赏的地方。不仅这个爸爸是这样想的，很多父母就是这样看自己孩子的，而孩子就是被这样看"死"的。而且一个耳光打过去，这些优点很可能就被打没了，他下次还敢不敢这样做？最好是别了，对不对？最好是多一事不如少一事，最好是遇事逃避、回避。这一耳光，把这些刚萌芽的优秀特质都给抹杀了，这真的是悲哀。

之后，我跟这个爸爸说完他儿子身上有我上面说的这些优点的时候，这个爸爸的眼睛都瞪大了："真的有？"他很震惊。然后他问了一句话："就算他有这些优点，我怎么欣赏呢？我不能说孩子，你打得好吧？"

我们能这么说吗？当然不能。那我们要怎么做呢？我跟这个爸爸说，假如是我的孩子做了这样的事儿，我到学校的时候，会先跟对方家长道歉，然后检查被打的孩子有没有受伤。如果有受伤，赶紧把他送到医院去检查，并且保证一切的医疗费用我都会全部承担起来。安慰对方的孩子，向对方的家长道歉。这些全部做完，把孩子带回家，我会跟孩子沟通。

我会先问孩子今天在学校里发生的这件事情，究竟是怎么回事。这个孩子很诚实，他一定会说实话。他大概会这样说："爸爸，我要好的同学，他的个子比较小，结果隔壁班的同学就欺负了他，把他打了一顿。我觉得这个不对，他是我好朋友，所以我就找打人的同学去论理，问他为什么打我朋友。那个人不仅不承认，还狡辩，结果我火起来就把他打了一顿，事情就是这样。"

到这儿了，我会说："儿子，我相信你说的是实话。你知道现在听你这么说了以后，爸爸心里是怎么想的吗？"孩子肯定摇头说"不知道"。我会说："爸爸知道了以后，感到很开心，为你感到很骄傲。"孩子可能会莫名其妙，对不对？打架了，老师都批评我了，你还为我感到高兴、骄傲。他肯定会问："爸爸，为什么？""为什么？你知道吗？我从你身上看到了很多男子汉的优点。你很有正义感，同学被欺负了，你讲正义，你很负责任、敢于担当，你身体又强壮，力气又大，打得过人家，而且你很诚实，你没有推给别人，你没有逃避，你很勇敢，富有同情心，很讲义气。这些优点，都是男子汉的特点。在这个社会上，这样的男孩子已经不多了。自己的儿子是一个男子汉，爸爸当然感觉很骄傲了。"

这个孩子听了这些话以后有什么感觉？真开心，本来担心得要命，回家爸爸不知道会怎么揍他，结果爸爸觉得高兴、很自豪，他立刻就有了力量。而且，当一个人被肯定、被欣赏的时候，他反而很容易去反思自己不足的地方。

很多孩子都是这样，你经常肯定他，他反而懂得反思自己，就像之前我孩子说的："爸爸，你没有看到我的语文只有61分？"这是孩子在反思自己。那这个打人的孩子会怎么说？他可能会说："爸爸，我打人了，老师都批评了我。"他反思自己的时候，你再告诉他："儿子，对啊，你当时为什么打人呢？打人是不对的。"孩子会说："我本来是找他论理的，我想让他认个错，结果他不认错，还觉得自己有理由，我就火起来了。人怎么能这样，打人就是错了，他不认错，还说自己有理。我一冲动就打了他。"

这时我顺势再对孩子说："是啊，儿子，你知道吧，冲动是魔鬼，对吧？冲动起来，就容易犯错。假如下一次再碰到这样的情况，你会怎么做呢？""下一次这样的话，我就再跟他说道理，或者我叫几个同学一起来说，或者我把他带到老师那里，让老师来教育。"孩子的大脑是很灵活的，是会自己想办法的，他很容易就自己做总结、想办法。如果我再继续说一句："太好了！儿子，爸爸绝对相信，你下一次要是碰到类似的情况，你一定比这一次做得更好。"

我们这样做，这个孩子不但会觉得自己像英雄一样，而且他下一次一定会比这次做得更好，因为他想再一次证明他做得好、很棒，想再得到爸爸的肯定、表扬、欣赏。

但是我们通常没有这样做。很多家长都会像这个爸爸一样说，我的孩子没有什么好欣赏的。其实孩子来到这个世界上的时候，几乎都是一样的，都是一张白纸。为什么你家的孩子是这样的，别人家的孩子就是那样的呢？不是孩子不一样，是父母不一样。

不是你的孩子不如我的孩子，坦诚地讲，是你不如我。我说的你不如我，不是指其他的方面，而是你的教育理念和方法，你真的不如我。所以我教育孩子的结果，就跟你不一样。家长千万不要去指责孩子："你为什么会这样？别人家的孩子为什么那么好？"相反，我们要把指头指向谁？我们自己！问问自己，为什么我养育的孩子是这样的，他养育的孩子是那样的？把向外指的指头收回来朝向自己。

将指头指向别人是很容易的，回过来指自己可不容易，是不好受的。但我们的目标是什么？是要做教练型的父母。那就要把自己作为世界的源泉，视我为一切的根源。这个改变，是一个根本性的改变，不是我今天这样告诉你了，你回去以后，就能很自然地把指头指向自己。这很难做到，因为这不是一个概念，而是一种能力。这种能力是要通过训练才能获得的。我们欣赏孩子也一样，也是一种能力。我今天在这儿告诉你要欣赏，你回去以后就真的做得到欣赏吗？不是的，这是要练的。

能力跟概念不一样。举个例子，骑自行车。如果你不会骑自行车，跟你说概念方法，也很简单。骑自行车的四个步骤：第一，双手握车把；第二，左脚踏上左踏板；第三，右脚踏过去，踏在右踏板上；第四步，双脚往前蹬。我说得清清楚楚，你也听得明明白白，但是我说完了以后，你上去还是不会骑的。如果你真想学会骑自行车，你必须要跨上车，要去骑。而且你试骑的时候，还会摔倒，要摔几跤之后你才不知不觉会骑一点，但可能平衡还是不好，还要继续骑，继续练，练着练着，才会越来越平衡。欣赏也是一种能力，跟学骑自行车的模式是一样的，它需要实际去练，练得久了才能掌握这种能力。

## 全面营造欣赏的环境

> 俗话说，相由心生。如果我们的内心不懂得欣赏和感恩生活中的美好，那是没办法真正欣赏孩子的，所以，如果你真的想为孩子营造一个全面欣赏的环境，就先修自己的心吧。

如果孩子生活在一个被欣赏的环境中，他的内心肯定是既开心又有力量的。在这种环境中，想让他不好都不可能，他一定会茁壮、开心地成长起来。打造这个环境靠谁？靠的是我们家长自己。那怎么做呢？

第一，从批评到欣赏。变挑错为找对，就像我前面拿到儿子的成绩单，首先不是看语文和英文，而是看到他数理化三门都是高分。先看到孩子的优点，别急着批评他，没有人是喜欢被否定的。

第二，从假欣赏到真欣赏。假欣赏是孩子数学考满分，先肯定一下，然后紧接着"但是"。"但是"之前都是废话，"但是"以后才是重点。真欣赏是我们有一个信念，就是孩子所有的呈现都是有道理的，不管是什么都是值得肯定和欣赏的。有了这个信念以后，我们就会发自内心地去欣赏他。

第三，从视而不见到发现闪光点。跟同学打架的那个孩子，虽然处理事情的方式有所欠缺，但是他为了那个被欺负的同学出头这一点，就说明他是一个有正义感和勇气的孩子。所以，不是孩子没有优点，而是我们父母没有客观、中立地去看待，没有用心去发现。

第四，不仅是简单的语言欣赏，还要加上肢体语言。日常生活当中，很多父母对孩子欣赏的话语经常是非常单调的，从三岁到十八岁，全都是："孩子你很棒""你很厉害""你真的是太好了"。听起来是很乏味的。其实如果我们能多多变化欣赏的语言，然后再配合肢体语言，说得有激情一些，孩子听起来才更印象深刻。不能板着脸说欣赏，那没有诚意，孩子一听就是假的。这一点也与前面说的真欣赏和假欣赏有关。内心是假的，你的语言、肢体自然也不配套，孩子一听就知道是假的。

第五，反对行为，欣赏动机。这意思是可以不欣赏孩子的某一种行为，但认可他行为和结果背后的出发点或者动机是好的。哪怕这个孩子讨厌学校，故意违反校规，他的动机也可能是"我想换一个学校，对我的成长更有帮助"。这个动机是不是好的？是好的。只不过没有通过正确的方式表达自己的想法，而是违反校规，对班级、同学造成不好的影响。这种处理行为是不可以接受的，或者造成的结果，是不可以接受的。所以，我们反对的是行为或者结果，但是对他的动机和他身上表现出来的品质，我们欣赏。

第六，从具体细节上欣赏孩子。不能总是很笼统地说，这次又进步了。进步在哪里？好在哪里？细节越具体，孩子听着越真实，感受会越好。

第七，欣赏的角度要多样化。不要只说孩子在学习上的进步，品质上的、为人上的，甚至是衣着上的，这些方面都可以去关注、去欣赏。这样他才会觉得，你欣赏的是他这个人，而不是只看他的分数。

很多家长把希望寄托于外界因素，总想把孩子送到最好的学校，找最好的老师。当然可以，也有好处，但它不是关键的。如果我们有能力去打造欣赏的环境，那外界的环境不够好时，我们也可以把它变好。

我儿子高一时的物理老师很年轻、没有经验，但是通过欣赏，我把他身上所有的优势激发出来，弥补了他经验的不足。

其实所有的人，都会有优缺点。而家长是孩子和老师之间的桥梁与放大器，家长选择放大什么很重要。我选择放大这个老师身上那种激情、有序和开心的优点。但我相信也有家长回家后跟孩子说的是："我看这个老师这么年轻，又没什么经验，你就靠自己了。"他这么说就放大了老师没有经验、年轻的缺点。

其实儿子高二以后，有别的家长打电话给我说："浩辰爸爸，我跟你商量点事情，我想把物理老师换掉。"我问他理由，他说："这个老师没有教过高三，都是教高一、高二。孩子们现在已经是高二了，高三那么重要，我们不能拿自己的孩子当实验品。而且我们班物理的平均分，在十二个班里面，总是第八、第九、第十，说明这个老师上课不怎么样。所以我和其他家长商量，要把这个物理老师换掉。"我听了以后说："我觉得这个老师挺好，为什么要换呢？同学们都很喜欢他，很熟悉了。"他就说："哦，我知道了，你孩子的物理成绩好，所以你不想换。"

他不去想一想，他孩子的物理为什么不那么好呢？很可能就因为他放大了老师的缺点。各位，别去挑剔老师，别去挑刺学校。有一些东西，不是你想挑剔，就能挑剔得了的。再说，我们从另外一个角度看，所有的老师都有一个成长过程，你总不能让他永远不教高三。

但很多父母没有意识到这一点。有一次送孩子入学的时候，我就看到有一个爸爸打电话给教育局的副局长，可能是他的同学，说："你跟校长说一说，让我孩子从下铺调到上铺，上铺干净一点。"这其实是很不好的，他以为下铺换到上铺，孩子睡一个干净的床铺好，但是他传递给孩子的是什么？挑剔、不去面对，甚至是自私。你睡了上铺，就有人要睡下铺。父母这么做了，孩子就学他。将来他的孩子，未必会受别人喜欢，这是在害孩子，不是在为孩子好。让孩子去面对，吃亏就吃亏一点，吃亏还培养了他的心胸和格局。这些东西，比睡上铺要好不知多少倍。

打造欣赏的环境靠的是心。如果你的内心不懂得欣赏和感恩生活中的美和好，是没办法通过外在的东西实现的，更加不是说几句"你好棒""你真行"就可以的。如果你真的想为孩子营造一个全面欣赏的环境，那就先修自己的心。什么时候你可以完完全全无条件地接受孩子，不再计较挑剔他们，你就懂得欣赏他们了。

# 03

## 有效沟通是引导
## 孩子进步的前提

沟通是人与人互相了解的最重要的方式。从孩子的第一声啼哭开始，他就一直以某种形式和我们进行着沟通。因此，我们想要引导孩子，让他有所改变，有效沟通是前提。

## 和孩子沟通要提前想好话题

> 喜爱沟通是孩子的天性，基本没有孩子是真不爱说话的。而孩子越来越沉默的一个原因就是，我们总是不考虑孩子真正想聊的话题，只是一味说他们不爱听的话。

我去讲课的时候，总有家长跟我说，孩子从不主动跟他沟通，回到家以后也不说话，问我孩子是不是有什么问题。但是我想告诉各位，孩子不是不爱说话，只是不爱跟父母说话。

很多家长平时也很注意跟孩子的沟通方式，但是他们跟孩子聊天，都是怎么聊呢？基本都是随口一说，想到什么聊什么。每天孩子一回来，就问"作业做完了没有""这次考试考得怎么样""在学校，老师怎么说"，一年三百六十五天，天天都是这样。如果是你，你愿意听吗？

如果家长不提前想好跟孩子聊什么，总是不加思考，只谈自己想说的话题，孩子肯定是不愿意跟我们沟通的，特别是那些成绩差的孩子。因为成绩不好，他在学校的压力就挺大的，回家之后以为可以放松一下了，但你一抓住机会就跟他谈成绩，他怎么会愿意跟你沟通呢？而且，学习成绩难道是你一直说，它就能变好了？

　　我父亲在我家的时候就总爱对我儿子说："你要好好学习，要考全班第一。考了全班第一，还要全校第一；全校第一，还要全市第一；全市第一，还要全国第一。"很少有别的话题。每次我父亲这么说的时候，当着儿子的面，我会说："儿子，你看看爷爷有多看好你，他总是觉得你会考第一。"但等儿子走了的时候，我就会对父亲说："爸，您别老跟他说让他考第一这种话了。这第一也不是说来的。您总这样说，孩子很容易反感。"

　　和孩子的沟通真的太重要了，我们家长真的需要在这方面多下点功夫，花点心思。不然等孩子越来越大，你跟他的距离会越来越远。就拿我自己来说，为了能跟上孩子成长的步伐，跟他聊到一起去，从孩子上幼儿园开始，他的所有家长会，我没有一次落过。家长会？那是小事儿，妈妈去就行了。相信有不少爸爸都会这么想，但是，儿子每一次的家长会，我都准时参加。

　　为什么？因为孩子上小学之后，特别是上初中以后，他跟你在一起的时间就越来越少了。也许，你早上还没有起床，他已经上学去了；你晚上回家，他已经睡觉了；午餐他在学校吃，你也在外面吃。基本上，你是很少有机会去了解他的。可是，如果你不了解孩子，又怎么和他沟通呢？他连话都不想跟你说，你又怎么去引导他、影响他呢？家长会毫无疑问就是一个了解孩子的最好机会。但有的家长却那么轻易地说不去就不去了。

　　虽然我的工作经常需要出差，但只要我在家，每次下班之前我都会用十分钟的时间提前考虑好，回家吃饭的时候跟儿子聊些什么。不管是跟他谈一些最近的新闻，还是这个城市里面发生的一些有趣的事情，或者是关于我自己工作上的一些东西，我都会提前考虑好。如果我上班的时候没有时间想，那我在回家的路上也会想。

　　所以说，要想和孩子有顺畅的沟通，让孩子愿意跟你说话，提前想好说什么很重要。更重要的是，要多了解他，多跟他聊他感兴趣的话。那些习惯了跟孩子随口说说的家长，真的应该花点时间，好好去了解一下你的孩子，改变你和他沟通的方式和思维。否则，想让你的孩子愿意跟你说话，是不太可能的。

## 少说"正确的废话"

> 很多家长对孩子讲了很多道理，但孩子依旧没有改变。这是因为，就算你说得再对，说不到孩子心里去，对孩子毫无作用，那也只是正确的废话，毫无意义。

　　良好的亲子关系是沟通的前提，而"正确的废话"是亲子关系中最厉害的杀手。可我们很多家长偏偏就是爱说这种正确的废话，一句话翻来覆去地说，一遍又一遍，不说到孩子讨厌不罢休。

　　记得有一次，我去一个朋友家。那个朋友是中学老师。那天我去的时候，刚好碰上他教育儿子。他儿子读初一，期中考试考砸了，名次倒退了不少。到他家之后，我就听见他说："儿子，这次的期中考试你考砸了，你知道为什么吗？""不知道。"孩子有些丧气地说。

"我跟你说，你语文这次的分数比上次低很多，就是因为你作文被扣了很多分。我早就跟你说过了，作文，就是要多写，要多练。你不写作文，不练习，语文怎么会考得好呢？英语你这次也考砸了。英语是语言，语言就是要多听多说。你不说不听，你的英语怎么会学得好呢？还有数学，数学主要靠难题，难题就是要多练，除了平时的作业，你要多找点题目做一做。你多练，你考试的时候才能考得好。物理，要……"等他说完，半个多小时过去了。最后，我朋友问了一句："你明白了没有？"他的儿子说："明白了。"我的朋友说："那去吧。"他的儿子低着头就走了。

他的儿子走了以后，他回过头来问我："你认为我刚才说得怎么样？"

"你说得真好。"我说。

"你也认为我说得好？"朋友得意地说。

"当然了。不过，你这样跟他说，是第一次吗？"我问道。

"怎么可能是第一次，我经常这样跟他说的。"朋友说。

"那你说了之后，他有变化吗？"我又问。

"好像也没有什么变化。"朋友想了想说。

"那既然没有什么变化，你为什么每次都这样说呢？"我又问他。

他听我这么一问，觉得莫名其妙了："难道，我说错了？"

"没有，你说的都是对的，而且每一句都对。"

是不是每一句都是对的？作文是不是得多写，不多写就写不好。英语要多听，多说，对不对？不说，不听，肯定是学不好的。数学难题要练，不然肯定是做不出来。这些话有没有错？肯定没有错。而且不仅是对他的孩子来说没有错，对所有的孩子来说都没有错，是放之四海而皆准的。

不过，这些话虽然都是对的，但我朋友就是跟他儿子说一百遍都不会有效果。为什么？一个读到初一的孩子，这种话他听了多少次？几十次、上百次都有了。学校的老师说，同学说，他自己早就已经知道了。既然他在学校听过这么多次还是没有什么帮助，那你回家后再对他多说一次，肯定也是没有用的。

所以我给这类话取了个名字，叫"正确的废话"。问问你自己，平时有没有说过这种话？肯定有。而且我猜，很多人很喜欢用这类"正确的废话"对孩子唠唠叨叨，所以孩子就讨厌你，不想跟你说话。我的这位朋友，他纠结、执着于"对"，但对了又怎么样？对的话，但说不到孩子的心里去，对孩子起不了作用，那就是零，一文不值。与其如此，我们还不如不说，至少，孩子不会对我们产生反感。

　　还有很多家长总喜欢对孩子说，你学习的时候应该要怎么样，你语文作文应该怎么写，等等。但我是从来不教我的孩子该怎么学习的。一方面，学习方面的技巧老师更专业；更重要的是，现在的孩子都是很聪明的。如果他爱学习的话，他一定会找到学习的方法；如果他不爱学习的话，你就算是教他最好的学习方法，他也不会去学习。所以家长一定要明白，哪些话是我们该说的，哪些话是我们不该说的，尤其要少说正确的废话。

## 少唠叨，多聆听

> 很多时候，我们感觉和孩子的沟通就像一场独角戏，我们卖力演出，却毫无回应。但其实，孩子就像回力标，你花多少的时间和精力去倾听他、关注他，他就能给你多少回应和互动。

家长跟孩子的关系如何，就看两个数字：80% 和 20%。你是用 80% 的时间听孩子说他的想法，还是用 80% 的时间和精力跟孩子讲道理？

如果你是用 80% 的时间和精力听孩子说，只用 20% 跟他讲道理，那么恭喜你，你做得很好，这是一个很好的比例，你跟孩子之间的关系，通常都会很融洽。但如果你是倒过来的，用 80% 的时间跟孩子讲道理，20% 的时间听孩子说话，那么，你那 80% 的道理，基本上孩子都收不到。再通俗一点说就是，当他跟你的关系很好，你说什么他都愿意听；但当他不认可你的时候，就算你说的每句话都是对的，他也嫌烦。

我们经常说：孩子，来，爸爸跟你好好聊一聊。可所谓的聊一聊、交流交流，通常都是什么？是你一个人唱独角戏，你一个人就说两个小时，基本上孩子只有听的份儿。这种你单方面讲道理的交流，根本称不上沟通，因为一直都是你在说，那你说的这些话，他肯定是左耳朵进，右耳朵出的。

其实不仅是和孩子的沟通过程如此，企业管理中也是这样。有些公司的老板或管理者，开会前说的是大家一起讨论，各自发表自己的想法。但总共两个小时的会议，他一个人就说了一个半小时，然后让底下的员工提想法。所有人加起来，就给10分钟。最后，他又花20分钟总结。这样的交流是怎样的效果呢？效果就是，在这一个半小时里，下面的员工几乎都是玩手机的玩手机，打瞌睡的打瞌睡，一点激情都没有。为什么？因为这个老板不是真的想听他们的想法，他在意的是自己是不是把想说的话都说出去了。这种会，开了其实也等于没开。

而真正会管理的人、懂得管理的老板，会这样做：他会先让员工说，他可能只负责给大家提供一个话题，比如说我们要做年度计划了，请大家提提意见。然后，他就把话语权交给员工，每个部门提，各个员工提。意见提上来后，他用最后的几分钟时间总结归纳一下，得出一个结论或者方案。

　　这样做有什么效果呢？充分地调动了员工的积极性和激情，大家都在认真思考。而且，最后的方案是在员工们的头脑风暴下产生的，那他们在方案执行过程中会怎么样？会非常努力，绞尽脑汁去把这件事情做好。因为每个人都想证明自己是对的。而在这个过程中，他们一旦遇到问题和困难，实在想不出办法，会向老板请教："老板，我现在有个问题，需要你的支持。"而当他们主动向你寻求帮助和支持的时候，那你在他们心里就是一个支持者的身份，而不仅仅是一个命令者。那他们就会更加觉得你这个老板真的好，然后干起活来更有劲。所以说，与其夸夸其谈你要怎么做，不如多听听他们的想法。

　　同样的，在教育中，家长要多做聆听者，少做啰啰唆唆、唠唠叨叨的人。特别是孩子遇到挫折、碰到麻烦，很痛苦的时候，你用心听他说话比什么都有用。他把内心的想法说出来了，问题也就基本解决了。如果你非得要说，你说了半天，他的想法得不到倾诉，问题不仅解决不了，反而会变得更严重。所以父母一定要明白，做满腹经纶的演讲家，不如做孩子永远的聆听者。

## 读懂孩子的内心世界

孩子说的每一句话往往都反映着他们的内心世界。所以，我们要想真正和孩子顺利沟通，学会倾听，耳朵听到是首要，读懂他们背后的感受更加重要。

读懂孩子的内心世界真的是太重要了，你读不懂就没有办法走进去。不懂，就看不到事实的真相，只是自以为是地认为孩子会怎么样、怎么样……这时你一切的方法都是混乱迷茫的，找不准方向的。

儿子上幼儿园时，经常是我去接送他。有一天我送他去幼儿园。到了幼儿园门口，我把他放在台阶上，他很开心地走进去了。这个时候，我留意到有一位妈妈，她也抱着女儿来了。

我为什么会注意到她们呢？因为她的女儿有一个动作，越接近幼儿园的时候，越是把妈妈的衣服拽得紧紧的。等到了幼儿园门口，她妈妈好不容易让她松开手，将她放下来。

"宝贝，到幼儿园了，快进去吧。"妈妈温和地说。这时，孩子看着她妈妈说："妈妈，你能不能给我讲一个故事？"妈妈一听，宝贝女儿要听故事，好，讲一个故事吧。于是她就坐在台阶上，给女儿讲故事。

讲完后，妈妈有点着急地说："宝贝，你该进去了。"小女孩却要求再讲一个故事，那个要求的声音已经带着哭腔了。

妈妈说："啊，还要听故事，好吧，妈妈再讲一个。"于是她又讲了一个故事。结果这个故事讲完了，那个小女孩继续说："妈妈你能不能再讲一个？"那个声音有点哭出来了。

"你还要听故事？我要上班了。"为了让女儿赶快进幼儿园，妈妈压住自己的不耐烦，又讲了一个故事。一讲完，那个小女孩接着又说："妈妈，能不能再讲一个。"说这话的时候，小女孩已经是完完全全哭出来了。

这个时候她妈妈一听，火已经压不住了，恼怒地说："我的天啊，已经给你讲了三个故事，你还要听故事？去去去，到幼儿园去。"说完，将小女孩往幼儿园门口一推。小女孩被妈妈这么一推，使劲地哭，使劲地喊。"我要妈妈，我要妈妈……"拼命地喊，拼命地哭。妈妈越发恼火地大声说：

"去，去，到幼儿园去。"

小女孩的哭喊声被幼儿园的老师听到了。老师们赶紧过来问："怎么了，怎么了，宝贝？"妈妈说："她一直要听故事，我都已经给她讲了三个故事了，我上班就快要迟到了。"

幼儿园的老师就跟这个小女孩说："宝贝，要听故事啊，来，来，我们进去，老师给你讲故事。"然后把她抱起来，带进了幼儿园。

进去的时候，这个小女孩还是使劲儿在老师的怀里挣扎，嘴里还喊着："我要妈妈，我要妈妈。"不过孩子终归是孩子，她还是被抱进去了。这个妈妈一边看着一边依依不舍地走了。她心里怎么样？也很难过吧？

这样的场景相信不少家长都经历过。我也问过不少家长，碰到类似的情形，他们是怎么处理的。有的家长说："我会对孩子说，幼儿园里面有小朋友。"还有的家长说："如果是我的女儿，我会去安抚她，然后再做一个弥补性的行为。比如，我会把她领到一个僻静的地方，然后蹲下来问她，为什么不想去幼儿园？或者问为什么想和妈妈待着？找到问题的根源。然后再根据问题的根源跟孩子沟通。如果孩子还不舍的话，我会给她一个承诺。比如妈妈晚上会陪着你。"当然，也有些家长说上班时间来不及了，哪有时间讲故事，可能直接将孩子交给幼儿园的老师就自己走了。

其实，这个小女孩是真的想听故事吗？她想要什么？她其实是想妈妈陪她，延长跟妈妈在一起的时间，是不是？这孩子是在表达她没有安全感，她是在说，妈妈我好害怕，我想跟你在一起。但是她的妈妈没听懂，她以为女儿只是想听故事。所以，当妈妈给她讲这三个故事的时候，她听没听呢？肯定是一句话都没有听。因为她妈妈讲的时候，她心里一直在想着，我怎么样才能和妈妈多待一会儿。幼儿园的老师也没有听懂，"来，老师给你讲故事"，还是要给孩子讲故事。

这个小女孩和她妈妈的对话事实上是这样的：当她在说，"妈妈，我好害怕，我想跟你在一起"。妈妈说，"啊，你想听故事，好，讲一个故事"。讲完了，小女孩说，"妈妈，我现在很害怕，我想跟你在一起"。妈妈回答她，"你还想听故事？我再讲一个"。

这根本就是鸡对鸭讲嘛！所以别说三个故事，就是讲三十个故事，都没有用。但现实生活中，很多家长跟孩子的沟通就是这样的状态，鸡同鸭讲。你听得到孩子在说什么，但是听不懂，你们完全是在两个频道上。更糟糕的是，这种时候，家长总是把矛头指向孩子！我们总是指责孩子不听话、不懂事，孩子真的好冤枉啊！

　　有的家长说，孩子就是不愿意上幼儿园怎么办呢？如果碰到这种情况，有一个最好的办法，就是提前带孩子去体验。他只有体验过了，才知道幼儿园是怎么回事。怎么做呢？比如在孩子上幼儿园之前，提前几个月带孩子经常在幼儿园旁边玩一玩，或者让他到里面去玩一玩（现在的幼儿园基本都会配合的）。玩过几次以后，他就知道幼儿园是这样的，有一些玩具，小朋友、老师也挺好，孩子就会形成这样的直观感受。

　　不过，有可能你这样做了，孩子还是不敢去幼儿园。为什么？因为妈妈要离开。妈妈要离开，对于一个刚刚上幼儿园的孩子来说，是很可怕的。对于我们来说，我们知道是因为自己要上班、要工作。但是对孩子来说，他是没有"上班"这个概念的。妈妈走了，对他来说就是消失了。那怎么办呢？你可以带孩子去你上班的地方，让他体验一下，原来妈妈说的"上班了"是在这个地方。在这个地方，妈妈做一些事情。然后呢，一段时间以后，她就回家了，我就能见到她了。给孩子这样的体验之后，你再跟他说，"妈妈要去上班了"，他的脑袋里就会显现出那个办公室，还有那里的人，以及妈妈在那里做的事。他脑袋里有这种场景出现之后，他才懂什么叫"妈妈去上班了"，什么叫"下班了来接你"。

　　我们经常跟孩子讲，我要上班，我要赚钱，我要养活你等，这些话都是大道理，孩子是很难明白的。因为人都是在感受中生活的，就像我们去游乐园玩过山车。你去坐过山车，就会发现有一些人想玩但不敢，害怕。这个时候工作人员就会说："上吧，没有问题，你看大家都上去了，也都安全下来了，多好玩。"还有一些特别的极限运动，比如蹦极，我总能看到有些人上去了却站在那里，就是不敢往下跳。虽然工作人员会劝说："你看其他人都安全上来了，这个地方是很安全的，绝对没有问题的，跳吧。"但很多人还是跳不下去。不是告诉他道理了吗？而且他是成年人，他为什么还不敢呢？因为他只是明白了道理，没有体验过，所以还是不敢跳。

又比如，哪一天把你——一个大人，带到一个原始森林里，把你一个人留在那个地方。然后同伴告诉你："这个地方很安全，我们在这里已经生活过很多年，从来没有什么毒蛇猛兽，都是一些小鸟小兔子，很安全的。"跟你再三保证后，他们开车走了，就让你自己在那里待三天。你害不害怕？还是会害怕。为什么？因为你没有体验过，别人体验过了，所以他们不害怕。但这种体验和感受是没有办法通过语言直接传达给你的。

那我们大人都如此，孩子岂不是更如此。幼儿园这个地方对于成年人来说，是很安全很好玩的。你知道，因为你体验过，但孩子没有体验过。可是我们成年人却不接纳。我们总觉得既然已经告诉他了，他就应该明白，怎么还会不听话呢？真是太不乖了。我们一直就是这样对待孩子的。

美剧《成长的烦恼》中有一个片段让我印象深刻。剧中一个叫本的孩子去上学，却又自己折返回家。妈妈就问："怎么了，宝贝？""爸爸没有贴好护身符。"这个妈妈就说："来，让我看看。"结果一看，贴好的。接着，这个妈妈就对他说："哦，我明白了，爸爸没有吻它。"然后她就吻了孩子的脸。为什么这个片段让我印象深刻，因为这个妈妈是真正读懂孩子的高手。当孩子回来说爸爸没有贴好护身符，她一看是贴好的时候，她没有说这不挺好的吗？你这个孩子胡闹什么？而是立刻明白，孩子的真正需要是想跟自己多待一会儿，是希望像平时一样听到"我爱你"或者被亲吻。所以这个妈妈做的是什么？把孩子抱在怀里并亲吻了孩子。

我们一些家长如果看到孩子折返回来，会怎么做？立即就会责问孩子："你为什么不去上学？"之后对孩子就是一番教训，然后催他赶紧去上学，别迟到了。可是，如果孩子上学之前，他没有吃面包，没有喝牛奶，我们会不会让他去上学？我猜是不会的。甚至很多妈妈，孩子喝了一杯牛奶，还担心他没有吃饱，饿肚子。但是孩子的心灵早餐可能几年都没有吃了，我们却浑然不知。

接着，孩子问他的妈妈："妈妈，你非得去上班吗？"他妈妈的回答是："不是非得去，是我想去。"说完这句话后，这个妈妈又搂住孩子继续说："不管你相信不相信，所有大人都和我有同样的感觉。如果十五年闷在家里不出去，会怎么样？会疯的，对不对？"在进一步解释为什么要上班的时候，这个妈妈接着说："我去上班，对你来说影响很大，因为你很小。"这其实是她在对孩子表达：妈妈是在意你的，虽然妈妈去上班，不在你身边，但是妈妈的心里还是惦记着你，牵挂着你。多么有智慧的妈妈！

如果是我们的孩子问我们这样的问题，我们会如何回答他？有的家长就经常跟孩子念叨："妈妈上班是为了赚钱""没有钱拿什么给你买玩具""妈妈上班都是为了你"这种话，但是说这些话，孩子能听懂吗？特别是幼儿园的孩子，他只会感到莫名其妙，所以，每次我们跟孩子讲这些所谓的大道理的时候，其实孩子是像听天书一样的。而剧中的这个妈妈是怎么处理的呢？她是从内心的感受来说的。当她说感受的时候，孩子很容易就能明白妈妈的意思。

很多家长早就已经没有感受了，所以经常说的只有道理，而没有感受。这也是为什么很多家长天天跟孩子在一起，好像很近，但还是感觉跟孩子的心离得很远。他们在和孩子交流时，往往就只听到孩子说的那句话了。所以我们要努力，不仅要听到孩子说的话，而且还要听懂，这样我们才能把话说到孩子心里去。

## 先讲情和爱，然后再讲理

> 当孩子在外面受了委屈，情绪比较低落时，如果你能准确为他的情绪命名，孩子的情绪就会下降大半。这样一来，你和他的沟通才能有效进行。

孩子有情绪的时候，我们和他的沟通是需要方法和技巧的。有个原则就是先讲情后讲爱，然后再讲理。具体方法是，先给孩子的情绪命名，并且尽力感同身受，然后用行动表达关爱，最后才是简明扼要地讲道理。千万不要倒着来。倒着来是先讲道理，然后拽着孩子问他为什么难过，这样做是毫无意义的，只会加重他的情绪。

我举个例子。我儿子四五岁的时候，有一天突然从楼下"噌噌"跑上来，很生气的样子，门一推开，什么话都不说，直接往沙发上一坐，一副很气愤、很生气的样子，还流着眼泪。我一看很明显，他可能是遇到什么事情了，心情很糟糕。遇到这种情况，可能有的家长会立刻跑去问："孩子，怎么回事？什么事情让你这么难过？跟我说说。"但你这样问，孩子很可能什么也不会说，甚至还可能更生气地对你说，不关你的事儿。

所以，我试着用一种更简单有效的方法跟他沟通。首先，我慢慢靠近他，跟他说："儿子，爸爸知道你现在很难过，很伤心，你先自己坐一会儿。"然后，我就去卫生间拿了一块热毛巾，给他擦了擦汗和眼泪。做了这些事情后，我发现他不像开始时那么生气了，整个人都放松了。其实，不仅仅是我的孩子，所有的孩子在外面受了委屈，很伤心、难过地回来时，如果我们可以准确地为他的情绪命名，他的情绪立刻会缓和，因为他感受到你理解了他。其实，孩子有情绪是一件好事，因为他有机会把身上的一些负面能量释放出去。然后我们父母要做的就是给他的情绪命名，像我刚刚讲的那些，伤心、难过、失望等。

帮儿子擦完脸，看他放松了，我才问："儿子，你刚才进来的时候，那么伤心难过，是怎么啦？"

这时，他就说："我刚才在下面跟他们一起玩骑车。我骑了两圈，他们都不让我骑了，不跟我玩了。"

"是不是你骑了两圈，别人都只骑一圈，他们就不跟你玩了？"我问。

"是的。"

"你为什么要骑两圈呢？大家说好，每个人骑一圈，假如别人也骑两圈，你会怎么样？"他不说话。"现在怎么办呢？"我问他。

"我再下去。"

"你下去了，他们不让你骑怎么办？"

"我自己跟他们说。"

"那好，你去吧。"我说。然后他站起来，下楼去了。之后半天也不上来，什么情况？肯定已经搞定了！

孩子就是这样，他破坏了规则，本来说好每个人骑一圈换下一个人，他非要骑两圈，人家当然不开心，不跟他玩了。孩子破坏了规则，被孤立，生气地跑上来，这时他还在情绪当中。这会儿，如果你告诉他："要是别人骑两圈，你开不开心？"那一点用都没有。但当他情绪放下来的时候，你再说这些话，他就听得进去了。

这个先讲情和爱，后讲理的原则也能帮助成年人。拿我自己来说，以前我在外面做生意，难免会受些委屈或者挫折，心情有时候会很低落、难过。这个时候，如果我老婆过来说：

"你怎么回事？你今天怎么了？"我马上会回她："别理我。"

她一听就说："哎呀，你这个人怎么回事，我不是关心你嘛。你今天在外面怎么样？发生什么事情？"那一听这话，我就更烦了："你别啰唆好不好，离我远一点。""我怎么啦，我还不是关心你嘛。"我们越说越生气。本来我不开心不是因为她，是外面的事情，结果却先跟她吵了一架。最后就是我们互相埋怨。

但用这个原则处理之后，我们吵架少了很多，因为我们懂得在对方有负面情绪的时候，怎么跟对方沟通。比如有时候我回家，摆着一张臭脸。她见了就会说："你怎么了？"我回答："你先让我一个人待一会儿，冷静一下，好不好？"当我这样说的时候，她就让我一个人待着。然后我独自一个人在房间，可能是走来走去，可能发呆，可能拿个枕头砸几下。这样平复一下之后，我的情绪慢慢就平静了。这个时候老婆再问我，我就愿意说了："哎呀，刚才碰到一个很麻烦的家伙……"

我们要懂得管理自己的情绪，包括孩子的情绪。我这里说的是"管理"，不是压抑、压制。情绪上来了，压制是压制不了的，越压制越爆发。所以，不管你的孩子是男孩还是女孩，都要允许孩子在成长过程中有情绪。不管他有什么样的理由，他想哭就随他哭，不必去评判，不必去贴标签。先接受、肯定、认同孩子的情绪，然后让他感受到你的关怀和爱，接下来的沟通就会顺畅很多，也会有效很多。

## 和孩子沟通需要引导

> 只有你和孩子说话时的状态是开心的、轻松的、好奇的、不加评判的，而不是故意设计一些说教和沟通的套路，孩子才可能轻松说出他想说的东西，表达他内心最真实的想法。

教育是无形的，但要说简单，其实也很简单。教育就是聊天，日常对话。只有孩子愿意跟我们沟通，我们才可能谈到去教育孩子。那种我是家长，或者我是在教育你，然后设计一些标准和套路的说教，往往会失败，只不过是说"正确的废话"。

要想孩子愿意与我们沟通，我们必须有一个信念，就是孩子身上发生的一切都是正常的，都是小事。有了这个信念，无论听到孩子说什么，我们呈现的状态都是很轻松的。如果你嘴上说得轻松，但是你内心的状态是凝重、很有压力的，那嘴上说的基本就没用或者会大打折扣。所以，有时候不是我们的话解决了问题，而是我们的内心状态解决了问题。听到孩子说任何事情时，不管他是抱怨还是批判，都应视为正常。

如果你有这样的信念，你听孩子说话时的状态是轻松的，那你就能顺利地和孩子沟通。"啊，你讨厌老师，说说看，你讨厌他什么？那个老师究竟是什么样子？"你的问话，是开心的、轻松的、好奇的、不加评判的，这时孩子才可能轻松地说出他想说的东西，表达他内心最真实的想法。在这种情况下，你和他的沟通才有可能帮助到他、影响到他。并且在他说的过程中，我们不要诱导、设计，或者让他感觉我们在期待他说什么或不说什么。说什么不说什么，要完完全全由他自己决定。

孩子对你说"我希望换老师"，如果你还是很轻松、好奇地问："孩子，这个老师他是怎么样的呢？"那孩子会说这个老师怎么样。在他说的过程中，我们要做的是去捕捉这个老师好的地方。我绝对相信，再差的老师，他身上一定也会有优点，但这时，我们绝不能立刻否定孩子。如果你马上说："孩子，你这样不对，老师要求高是好事，这明显是你不对，你应该欣赏老师。"这样的话会让孩子觉得，你跟他不是一伙的，教育就有痕迹了，他就知道你在教育他。

但如果你是很轻松的，好像朋友间聊天的样子说："啊，他要求这么高啊，要求高，对我们有没有什么好处呢？"他可能会说："要求高，也是好的，可能我们会更加认真一点。"这时你再说："那看来这个老师也还是不错的。"

当你不是想着一下子把他的观点改变过来，而是跟他说"我觉得这个好像也可以"，那他就会容易接受。当然，教育是一个慢活，通常都是慢慢来的，别总是期望能够立竿见影。

我们只能是通过每次的沟通和交流，让孩子往这个方向推进一点点。我们对孩子的教育，不是说谈一次，就管用一辈子，只能是借助跟孩子在一起的机会，每一次谈话都往这个方向推进一点点。

回到上面的例子中来。说完前面这些话，孩子或许会同意，但更有可能还是不同意，怎么办？那就继续引导他："孩子，假如你明天跟校长说换老师，你准备怎么说？"如果仍然以一种很好奇的态度问他，他就会说："我会跟校长说，这个老师上课没有经验。"

"你觉得你的目的能达到吗？"继续用启发性的问题问他，"达到了，当然很好。如果达不到怎么办呢？这个老师又怎么来看你呢？这些结果，你现在都考虑过了吗？是你想要的吗？"不断地把这些问题给他，或许经过你的这些发问，他发现继续这么做，可能坏处更多。最后，他可能就说，算了算了，我不去说了。

但也许他还会坚持说："我还是要去，因为我太讨厌这个老师了，我就不想让他上课。"有没有这种情况？或许有，一切发生都是正常的。"如果你觉得一定要找到校长要求换老师，OK，也可以。不过你要自己去面对可能产生的结果，可不可以？"当你这么告诉他时，他说可以，那就OK，尊重他的决定。

如果他不想去了，但还是不喜欢这个老师，那怎么办？你继续问他："有没有别的办法？比如调整自己，让自己喜欢上老师？"不断地，一步一步地去引导他。我们要打造负责任的人，就不要把事情都揽过来自己干，要支持孩子去承担、去面对自己行为产生的责任。

这一点，是我们和孩子沟通过程中要一直坚持贯彻的。不管什么事，让孩子说出自己的想法，引导孩子自己去面对、去选择。这样做不仅能够让孩子感受到我们父母的支持和对他的信任，还能锻炼孩子的思考能力和决断能力。所以，尝试采用这种沟通吧！开始的时候，可能是难以一下子就奏效，但是这样练着练着，慢慢就会有作用了，而你与孩子的沟通顺畅了，你的教育也就开始有效了。

# 04

## 以人为本，尊重孩子的成长规律

每个孩子都是独一无二的，都有其独特的成长规律。作为家长，我们唯有放下自我的执念，遵循孩子本身的成长轨迹，跟紧孩子的步伐，才能正确引导孩子健康快乐地成长。

## 尊重孩子好动的天性

相信很多家长都知道，在引导孩子成长的过程中，顺应孩子天性发展的重要性。那么，我们该如何尊重孩子好动的天性，让孩子更健康快乐地成长呢？

　　说起孩子好动、活泼，我想很少有人会觉得不好。但是当我们带他们出去吃饭，或者去玩，人比较多的时候，我们却希望他们最好是跟大人一样，安静地坐在一个地方不动；如果他们这个时候好动、活泼，我们就觉得讨厌了。

　　为什么孩子那么好动呢？人之所以会有一些动作或者一些表现，是因为身体内部有一股能量。这股能量，就像一团火一样。而孩子身上的这团火，是大过他身体的，所以孩子好动，那是天性。我们成年人身上也有一团火，但是刚好跟身体匹配，所以我们能收放自如，想跑就跑，要安静就安静。老年人的火呢，已经弱了，不足了，所以就表现出动不起来，也跑不快。这也是为什么孩子那么活跃，总是跑个不停、跑不累的最大原因。老年人他能跑吗？无视这个规律，硬逼着老年人跑，他的身体肯定出问题，他要透支的。而孩子身上的火很旺，你不让他跑，压制着他，也容易出问题。就好比我们开车，一脚油门下去，车开起来了，但马上一脚刹车，然后又马上一脚油门……那这辆车很快就会被搞坏。

孩子也是这样，吃了饭，身体满满的能量。这个时候他很开心，想要活动，但你要他老老实实坐着不动，一段时间过后，他的能量散发不出去，身体一定会出问题。比如幼儿园的孩子，你让他中午睡觉，他睡不着，如果你逼着他睡，他肯定是要哭闹的。我还经常听到有妈妈说，要孩子上床睡觉，但他一会儿要撒尿，一会儿要喝水，一会儿还说肚子饿了，就是不好好睡觉。为什么？这就是孩子身体内的火正烧得旺呢，怎么睡得着？

那该怎么办呢？我曾经看到一个幼儿园的老师就很有智慧。那天，有两个孩子午休的时候睡不着，一会儿要喝水，一会儿要撒尿。老师于是就对这两个孩子说："我们到另外一个房间去。"之后，她就把两个孩子带到了另外一个房间，拿来两个皮球，跟这两个孩子说："我们一起玩，我把球扔过去，看你们俩谁能跑过去把球拿过来。"那两个孩子很开心，就跑过去，追逐着把球拿过来给她。然后她又扔出去，两个孩子就比赛着，追着皮球跑。开始的时候，两个孩子都跑得很快，但越到后面跑得越慢，二十分钟后跑不动了，累得满头大汗，站在那里不动了。这个老师知道，孩子体内的火烧出去了，于是就问孩子："还要不要跑？"两个孩子说："不跑了。"老师问："那老师给你们讲故事好不好？""好。"两个孩子异口同声地回答。

接着，她把两个孩子带到卫生间去，洗了洗脸，擦一擦身，让他们躺床上听故事。但这个老师三句还没有讲完，孩子就已经睡着了。所以说，你不让孩子把能量释放出去，他会一直想动，停不下来。但你让他活动活动，他累了、疲惫了，很快就会睡着。

有家长说："我不是不让孩子动，我是担心孩子太好动，老师会越来越不喜欢他，周围的人会越来越不喜欢他。"其实，周围的人也只是周围的人，关键还是父母对孩子的影响最大。而且，如果你的孩子像个老人一样，动都动不起来，那你才需要担心呢！

孩子很喜欢跑，很喜欢活动，用大人的眼光来衡量，是好动，是不安分守己。但我认为，孩子无论怎样表现，通常都是对的，因为孩子天性纯良，内外最一致。他身体的发育，他自己最知道，所以他那一刻就会有相应的表现。但是，因为不符合我们成年人的标准，我们就认为他不该这样做，就去干预，而我们的这些干预通常十有八九是错的，所以，我们要尊重孩子的天性，允许孩子好动，不要硬让他坐在那里。你硬要他坐着一动不动，一是他坐不住，会难受；二是对他的身体发育没有好处。

## 孩子的兴趣要从小呵护

> 无论多么有天赋的孩子，当他第一次去做某件事情的时候，都会表现得很生涩。但是，他这样第一次去尝试的时候，完成得好不好、棒不棒根本不重要。重要的是，他有兴趣，而我们要做的就是呵护他的兴趣。

儿子刚上幼儿园的时候，我在做建筑设计工作。那个时候，设计市场非常繁荣。当时的设计图不像现在是用电脑软件来画的，那时是用手画的，而且计算也是靠手算，工作量特别大，所以我经常把图纸、计算书带回家加班。

有一个星期天，我又把图纸和计算书带回家加班，儿子就在我旁边玩。不知道什么时候，儿子从我那里拿了一张图纸跑开了。过了一会儿，他拿着那张图纸跑过来，很开心地对我说："爸爸，我画了一棵树。"我一看，这所谓的树，其实就是几笔乱糟糟的线条，但我的这张图纸肯定是要重新画了。但我是怎么做的呢？我把儿子的"画作"拿着对他说："儿子，你都能画树了？你太厉害了。"听到我这么说，儿子很开心。于是我接着说："儿子，你这棵树上现在只有两片叶子，你能不能帮它画上更多的叶子？"

"好啊。"于是他拿着这张图纸，跑回自己的房间继续画叶子。过了几分钟他回来，很开心地说："爸爸，你看，我画了很多叶子。"我又拿过来一看，果然，原来的线条上面又加了很多线条，仔细看看也确实能看出新线条有叶子的形状了。接着，我又对儿子说："儿子，你真的是画了很多的叶子，现在这是一棵大树了，画得真好。那你能不能把它画成森林呢？"

"爸爸，什么叫森林？"他问。

"森林就是很多树在一起。"我说。

"那好。"儿子把他的"图纸"拿过去，又继续画。过了一会儿，他又很开心地跑过来说："爸爸，我已经把它画成森林了。"我把他的"图纸"拿过来一看，上面真的是画了很多很多的树，大大小小的，整张纸都被他画满了。然后我说："儿子，真的是森林，这么多树，真厉害。那接下去画什么？"

"接下去，我想一想。"儿子说。

"好，你去画，画完了再拿过来给爸爸看。"他听了之后非常开心，拿着图纸继续去画了。

后来，我记得大概是在儿子读小学二年级的时候，有一天晚上，他跑过来跟我说他要学版画。学版画？什么是版画？我当时并不知道。

于是我就问他："你为什么要学版画？"

"我有一个同学在学版画，我看他做得很有意思。"儿子说。

"你喜欢？"我问儿子。

"喜欢。"儿子说。

儿子这样说，我就找地方给他报名学版画，然后每次到上课的时间就把他送过去。他上课的地方在五楼，我每次都在楼下等他，一般要等两个小时左右。有一天晚上，儿子上完课我上楼接他时，正好碰到他的版画老师。

老师见到我后问："您是浩辰的爸爸？"

"是的。"我答道。

"我跟你说，你家浩辰真的有画画的天赋。这张画，他是第一天画，别的同学已经画了两三个月了，但浩辰画得比他们还好。"我把画拿过来一看，然后又看了其他同学画的，我也觉得比那些画了几个月的孩子要好很多。

　　这时，他的老师又说："你一定要好好培养他，培养他画画的能力。他在这方面有天赋，一定会发展得很好。"

　　这个老师说我的孩子有画画的天赋！什么叫天赋？天赋，就是与生俱来的才能。可是我儿子是不是真的有画画的天赋？或许有，或许没有。因为天赋这种东西，其实是不好验证的，你怎么知道他是与生俱来的，还是后天培养的？但有一点，我很确定，那就是：假如当年儿子用我的图纸画"树"，并把那棵"树"拿过来给我看的时候，我不是用前面的方式回应他，而是对他说："儿子，你画的这是树吗？这不是豆苗吗？哎呀，别闹了，你把我的图纸都弄坏了。爸爸正忙工作呢，去玩你自己的。"如果我是这样说的，他后面还会有所谓画画的天赋吗？那真不一定了。

　　所有的孩子第一次做某件事情的时候，都是不一定能做得很好的。比如我儿子画画那件事，他当时画出来的"树"只不过是一些线条罢了，如果他不告诉你，你可能都不知道他画的是树。我相信所有的孩子开始的时候几乎都是这样的。但是，他这样第一次画出某样东西的时候，画得好不好、像不像根本不重要。重要的是，他有兴趣画，而你呵护了他的兴趣，这才是最关键的。

　　可我们很多家长，在孩子第一次表现出这些特质的时候，通常是打压、讽刺、取笑。然后孩子到小学或者初中的时候，我们经常又会听到一些家长说："哎呀，我的孩子，什么兴趣都没有。某某家的孩子又喜欢画画，又喜欢唱歌，又喜欢跳舞。"然后呢，就盯着孩子，一定要报一门兴趣班，要么钢琴，要么画画，要么毛笔字，等等。孩子说不想学，我们不允许，还教训他说："你怎么就不想学呢？某某什么都学。你怎么这么不上进呢？"看看，我们总把问题的矛头指向孩子。但我们有没有问问自己，当年他第一次唱歌的时候，我们是怎么对待他的？"哎呀，唱得比哭还难听，你算了吧。"于是孩子再不愿意张嘴唱歌了。孩子第一次在那里跳舞，你说："哎哟，别扭了，那么难看。"接着，他对跳舞也没有兴趣了。

还比如说孩子玩玩具这件事。我儿子小的时候，我每次给他买来玩具，他都会砸几下，拆开来看，后来就装不上了。但我从来不管他，他爱怎么砸就怎么砸，想怎么拆就怎么拆，拆坏了再买。但很多家长，玩具买来，不是来给孩子玩的，而是用来摆设的。孩子玩的时候，让他小心谨慎地用，不让他砸，玩了三分钟以后，就摆回书架上，不许动了，只让看看，为什么？因为担心孩子玩的时候，弄坏了。

但玩具买来不就是要给孩子玩的吗？拆也好，组合也好，随他怎样都可以。买玩具是为了给孩子带来快乐，多少家长是抱着这样的初心给孩子买玩具，但最后还是让玩具成了摆设？孩子拆玩具是因为他有好奇心，有探索的欲望，而且他拆玩具的时候还锻炼了动手能力和观察能力。我们这样过分干预反而是对孩子天性的打压和抹杀。最莫名其妙的是什么？过三年五年后，孩子长大了，这些放在架子上的玩具，都是全新的，好像没有人玩过一样，又一袋一袋拎出去，扔到垃圾堆里。

所以说，我们的孩子不是没有兴趣。他有兴趣，但是我们没有及时呵护他的兴趣，让他的兴趣长大。我说的是"呵护"而不是培养，为什么？呵护与培养有什么不同？呵护，是指孩子自己本来就有或者自发表现出来的东西，然后我们保护它，尽可能为它创造一个好的环境，让它茁壮成长。培养，可能是孩子他本来未必有或者从未自发表现出来的东西，但我们想让他有，于是开始做一些努力，比如上兴趣班等。

这二者，哪个更容易呢？呵护更容易。就像种花，如果它自己长出嫩芽和花苞，我们只需及时给它提供一些保护措施和养分，它就能比较顺利地长大开花。如果长出嫩芽的时候，我们不保护，最后只能通过嫁接这些后期的工作来让它开花。而且，还未必能成功。嫁接可不是那么容易的，需要经过专门的训练才能做到。其实，呵护孩子的兴趣与这个道理是一样的。他有兴趣画画的时候，你说"孩子，你画得真好"，就这样简单的一句话，他的兴趣会越来越浓。所以，与其想着培养孩子的兴趣，不如从小就发现他喜欢的事物并呵护他的兴趣，不仅事半功倍，而且孩子会更快乐！

## 才艺培养，孩子喜欢最重要

> 其实，孩子要是真的喜欢一个东西，他是藏不住的。有意无意地，眼神也好，肢体也好，语言也好，他都会表现出来。只要你用心，是一定能够看到的。

曾经遇到过一个家长，他从小培养女儿钢琴和声乐。尤其是钢琴，女儿一路考级考证，直到没有证可考。这段时间里，这位家长费了很大的力，花了很多的钱。后来女儿考上大学了，放假回家的时候从不主动弹钢琴，他们叫她弹，她也没有过去弹得那么好。看到女儿这种情况，这个家长觉得自己那么多年的心血和金钱全浪费了，感觉投资失败了，心里很不平衡。于是我问他："当年你为什么要培养你女儿弹钢琴呢？"他的回答是："让女儿学弹钢琴是想让孩子多掌握一项特长。还有就是，希望能让她的个人素质和人生价值都得到提高。"

但问题是，弹钢琴的好处是家长认为的，还是孩子自己认为的？显然是家长认为的。家长觉得学这个好，那就一定好吗？未必啊。要谁觉得对，认为好，才是真的好呢？是孩子——当事人。孩子自己觉得有价值，孩子自己喜欢才最重要。

有的家长说，我问过我的孩子喜欢什么，将来想做什么。可他说不知道，走一步看一步。那这种情况怎么办呢？一般来说，如果孩子说不知道，可能有两种情况：第一种，他是真的不知道，没有想好，因为孩子的思维能力和判断能力与年龄有一定的关系；第二种，他不想说，觉得说了没有意义。为什么没有意义？因为你可能在问他这个问题的时候，心里是带着标准答案的，而不是说不管孩子的回答是什么都接纳。孩子从生下来就跟你生活，他早就知道你的心理活动。你心里想要的那个答案，他也早就明白。如果说实话，说不定你立刻眼睛就瞪起来了，然后又开始说教，于是说了你想要的答案。

还有的家长问，孩子小时候的兴趣挺广泛的，但是学了一段时间后就不想学了，说不喜欢了。其实这些东西，都是我提前问过孩子，孩子也说愿意的。这种情况下，我怎么帮助孩子做一个很好的选择呢？孩子在年纪比较小的时候，往往还没有分辨能力，这种情况也是极有可能发生的。但是对这些家长，我首先要问一问，孩子当时是真的愿意，还是他没有办法，只能说愿意？为什么这么问？因为我认识的一些家长就是这样，先问孩子做这个行不行。孩子说不行，家长就说："你怎么能说不行呢？"然后就开始给孩子做工作。这种情况下，孩子知道了"我说不行是不可以的"，所以他只能说愿意。

其实，孩子要是真的喜欢一个东西，他一定会表现出来。有意无意地，眼神也好，肢体语言也好，都会表现出来。只要你用心，是能看到的。这种时候你可以问问他，愿不愿意、喜不喜欢。但是当你没有感受到或者看到这些表现的时候，你问这问那，孩子也不会判断，只好随口说了，其实未必是他心里所想的。

家长经常要求孩子坚持，但如果是孩子真正感兴趣的，还需要坚持吗？根本不需要坚持，而是乐在其中。如果我们能朝这个方向转，结果马上就不一样了。

前面那个爸爸为什么失望，那是因为弹钢琴是他想要女儿去做的，而他女儿现在拿到最高等级的证书了，觉得自己已经满足了爸爸的要求，不需要再坚持了，我为爸爸做的事已经做够了。因此，这样的结果很正常。现在很多家长做的事情就是，总是为了满足自己的愿望而去培养孩子的才艺，总想让孩子考级，总想让他去比赛拿名次。孩子不是为了兴趣，不是因为自己真的很喜欢，而是为了那个证书、名次，为了父母的面子，在痛苦中学，完全靠坚持，是不可能成为大师的。

还有家长会说，我们为什么要培养孩子的才艺，还不是为了他们有成功、幸福的人生，能够活得比我们好？但你知道吗，爱因斯坦年老的时候，有一位记者曾经问过他这样一个问题："爱因斯坦先生，假如人生可以重新选择，您会选择科学家吗？"他说："不会。""那您会选择做什么呢？"记者又问。他这么回答："我选择做一名下水道工人。"

爱因斯坦的人生是成功的吧？但是他说，如果重新选择，他不会选择做科学家，他会做一名下水道工人。我想他是没有必要说谎话的，在那个年龄，他说的一定是他内心真实的想法。

在这个世界上，没有真正的好或者不好，只有你内心的标准让你觉得哪个好，哪个不好。因此，家长一定要搞清楚，我们是要做孩子的支持者，支持孩子做真正喜欢的事情，成为他想要成为的自己。如果你一定要按照你的要求来，孩子可能会痛苦一辈子，而最终你也要付出代价。

所以，我们想要清楚孩子喜欢什么，兴趣在哪里，首先就要真的尊重孩子，放下我们心里的那些标准。只有我们放下标准，放空自己的心，才能够听到孩子的心里话，才有可能发现他真正的兴趣。当我们内心有很多的标准、很多的答案、很多的要求时，我们对孩子是没有好奇心的，给孩子的都是诱导。孩子是听得出来的，有一些外向的孩子，直接回绝，"这个我不喜欢"；有一些不敢表达的孩子，他就会迎合你，"好吧，喜欢"。如果你真的是尊重孩子的选择，孩子他自己会说的。

## 别破坏孩子内心的富足感、配得感

> 孩子能够真正生活得幸福，不在于你给他提供多少的物质、金钱，而在于他内心是否富足。只有他的内心富足了，长大之后遇到事情才会淡定，才能遵从自己的内心，勇敢地去选择、去追求。

有个妈妈跟我说，她已经给儿子买了很多玩具，可儿子还是不停地要，她不知道该不该继续满足他的愿望。这种情况我相信很多家长都遇到过，我也遇到过。

我儿子小时候特别喜欢玩具车，尤其是二十辆一盒的那种拇指大小的车。这些玩具车，小的一两块钱，大的一两百块钱甚至更多，儿子通常选的都是几十块钱的车。因为儿子喜欢这些玩具车，所以我经常给他买，哪怕已经买过的，如果他还要，我也还是买给他。从一两岁到十一二岁，我给儿子买过的玩具车大大小小超过五百辆。每次看到他玩得那么开心，我也觉得很开心、很满足。

其实，该不该满足孩子的愿望，我的原则有两个：第一，他是不是真的很喜欢；第二，我是不是有能力。如果他喜欢，我又有能力满足他，所有他想要的我都会满足他。可能有的家长会担心，这样一味地满足孩子的要求，孩子长大之后会不会有问题？当时我身边的人也有这样的疑问，孩子要什么就买什么，家里都已经有几百辆车了，还给他买，他们觉得，我儿子将来会贪得无厌。但我说："你们放心，他将来不仅不会贪得无厌，相反，他还会很爱惜东西。"

我为什么这么肯定呢？因为人有两种感觉是很重要的，一种叫配得感，还有一种叫富足感。什么叫配得感？就是我配不配得到一些东西，一些我认为美好的、想要的东西。富足感就是指我的内心感觉是不是富有、充足。你们有没有留意过，现在有这样一些人，他们家庭条件不错，长得也不错，但不管男女，他们在找女朋友或男朋友的时候就是不敢找漂亮的、帅的，或者是他们认为优秀的人。为什么？因为他们总觉得自己配不上。他们之所以有这种心理，往往就跟他们还是小孩子的时候，想从父母那里得到一些东西，父母没有满足他们、没有给他们有关。

　　孩子三五岁时，他不会像我们这样去分析东西的贵贱，他只会感受。当他跟我们要东西时，我们不给，也许还会说"这么贵的东西，你买什么？"这种话，孩子听到的潜台词是什么？这么贵的东西，你不配有。但如果同时，他又看到别的孩子拥有了他想要的东西，那他心里就会形成这样的一种感觉：哦，原来那么贵的东西，我不配得到，但那些孩子是配的。从这个时候起，他就建立起了一种"我不配"的心理。这样三次、五次、二十次之后，他经常得不到满足，那这种"不配"的感觉就会越来越强烈。所以在他长大了之后，对一些高品质的东西他也不敢有所追求和期待。这些人投入到职场中体现出来的就是安于现状，总是感觉自己只能打工，不能当老板。其实，当老板有什么谁可以谁不可以呢？但是因为他们心里的配得感缺失，所以总会觉得自己不配做这个。

　　现在学校里，经常有一些孩子去比自己爸爸开的是什么车，用的是什么手机。其实，内心真的觉得富有的人，是不会去刻意表现这些东西的。现在很多成年人也是这样的，没有几个钱却非说自己很有钱，因为心里匮乏。还有一些人，生意做得很不错了，可能已经拥有了一千万甚至一个亿，但他们还是总觉得自己不富有，甚至常常觉得自己像穷鬼一样，这种感觉也是来自他们小时候。可能小时候在家里，父母经常说："我们家这个样子，你还要这要那？"类似的话说多了，孩子就会觉得自己穷，没有"富有"的感觉。而那些家庭实际条件真的差的孩子，因为父母类似的话说得少，可能内心倒没有这种匮乏感。

所以说，一个人能够真正生活得自在快乐、幸福富有，真的不在于物质上有还是没有，而在于内心的感受。之前我不是说，很多人担心我儿子长大后贪得无厌吗？那我接下来跟大家说两件事。

两件事情都发生在儿子上高一的时候。有一天他打球把手表盖打裂了，那只手表是他自己买的，十几元钱的电子表，表盖是塑料的。吃饭的时候，他妈妈说："儿子，你这只表就十几块钱，裂成这个样子，别戴了？你爸爸有好几只别人送的表，你拿一只去戴好了。"我有好些朋友是做手表的，他们时不时会送我一些自己生产的表，几百元的、一两千元的都有。他妈妈这么说了之后，儿子回答她："妈妈，我戴表是为了看时间的。现在这只表上面的数字还看得到，不用换。"后来，他就一直戴着那只表。

第二件事，我儿子之前用的手机一直是小灵通，一百多块钱。但是他的同学，很多拿的都是三五千元的苹果手机、三星手机。他妈妈有时候就会问："儿子，你的同学都用苹果、三星手机，你用的还是小灵通，要不要帮你换一个手机？"他妈妈每次这样问，儿子的回答都是："不需要换啦，我就只是发个短信，打个电话。"

那时他才上高一，但他的内心就已经这样强大，为什么？因为他内心有富足感。而这种内心的强大和富足不是孩子长大了，你跟他讲道理，他就可以做到的。这需要家长在孩子小的时候，就让他感受到这种富足感和配得感。孩子内心富足了，长大之后遇到事情才淡定。他才会遵从自己内心的真正需要去选择、去努力，比如到了谈恋爱的时候，敢去追求那些真正心仪的女孩。有一句话叫"癞蛤蟆想吃天鹅肉"，你们仔细观察一下那些癞蛤蟆，哪一只不是勇敢的、内心强大富足的？

## 叛逆期真的存在吗

在孩子成长的过程中，他们会看很多我们没看过的东西，经历很多我们没有经历过的事情。所以，他越是长大越是能说出与我们不同的看法。但也只有经历这样一个阶段，孩子才能真正成长为一个拥有独立思考能力的社会人。

不少家长说叛逆期的孩子难搞定。为此，家长可能还很痛苦、很纠结。其实要处理叛逆很简单。

叛逆是怎么形成的？首先我想问，孩子在刚出生的时候，他会不会叛逆？他肯定不会叛逆，他什么时候吃奶，什么时候换尿布，都是我们说了算，他没有机会叛逆。他慢慢长大，几个月、一两岁的时候，他也不会叛逆，因为在他的眼里，爸爸是天，妈妈是地，爸爸妈妈是他心目当中的英雄，他对爸爸妈妈是一种仰望的状态。

但是随着他慢慢长大，两三岁的时候，他有时候开始不听你的了，他要表达他的意见、观点。到了四五岁，这种情况就越来越多了。现在这个信息化时代，孩子三五岁就已经能够接触到很多信息。他收获的信息很多，所以他成长的速度也很快，有时候三四岁孩子说出来的话，说不定会吓你一跳。当他慢慢长大，到了七八岁，他已经有自己的一些分辨能力和思考方式了，你已经不能支配他了。等到他十多岁的时候，他开始完全要按照自己的方式行动、思考，表达自己的观点。然后这时我们会说，这个孩子进入叛逆期了，什么都不听我的，不懂事了。

孩子不想听我们的话，要表达自己的观点和看法，这到底是好事还是坏事？好事。孩子在成长，他看到跟你不一样的东西，经历跟你不一样的事情，那他说出的看法跟你不同很正常。甚至有的时候，他的一些观点会超越你。如果孩子一直是听你的，十几岁、二十几岁还是听你的，从来没有他自己的看法，这才麻烦呢！这基本可以判定，这个孩子没有什么创造力。孩子反对我们，不听我们的，这是从我们的角度来说的。但是从孩子的角度来说，是谁不听谁的？是爸爸妈妈不听他的。

他说要先玩一会儿再做作业，你非得让他先做作业再玩。

而且他都已经说了可以完成作业，可你就是不许他先玩一会儿，再做作业。所以从你的角度来说是他叛逆，从孩子的角度来说是我怎么说你都不听。你有没有留意到很多孩子，特别是初中高中的学生，他们怎么说自己的父母："别理他们，他们是'更年期'，他们不明白。"你说孩子是叛逆期，孩子说你是"更年期"。

但是整个社会都没有说我们大人是"更年期"，却都说孩子是叛逆期。很多所谓的专家、心理学家，都说孩子三五岁的叛逆期要怎么办，教你方法。我们都是判定孩子处于叛逆期，从来没有说我们自己进入"更年期"了，我们要学会跟孩子怎么交流、沟通，要怎么样尊重他。为什么呢？因为，在这个社会，话语权在成年人手里。孩子有"声音"发不出来，所以我们就把他们说成是叛逆。

所以，叛逆期根本就不存在。这只不过是孩子独立思想意识发展起来时，一种自然的表现形式。那么，所谓的叛逆期，需要去处理吗？根本就不需要处理，是正常的，是好的。所以，当我看到一些人在谈孩子叛逆期要怎么怎么做，我都为孩子感到难受。这完全是对孩子的一种误读。

在这里，我真的希望大家转变观念，重新认识叛逆期。叛逆期是不存在的，它就是正常的，甚至是好的。当你建立起这种信念的时候，你看孩子的眼光都不一样了。你听到孩子说，我先玩会儿，我等一下会完成作业。这个时候，你就会觉得，哎哟，我的孩子有自己的想法，真的是好事。你心里就怎么样？舒服、开心，你就不会伤害他，也不会让自己跟自己过不去，矛盾自然就没有了。

但是这不容易做到。当你看到孩子不听你的话时，你本能地就会心中有障碍，你总想让孩子听你的。所以这个需要训练，练到你看孩子的一切都很顺眼，尊重他，不再把自己的想法强加给他，你就觉得这不一样了，你们的关系也就好了，孩子的成长就要幸福很多。

## 别用大人的标准衡量孩子

当我们坚持用我们的模式和标准来评价和衡量孩子时，孩子的决定和行为就成了我们认为的"麻烦"和"问题"。但为什么一定要孩子按照我们的标准做事呢？如果我们真的很爱孩子，为什么不尊重他的选择呢？

很多家长说自己的孩子一点都不听他们的话，总是跟自己对着干。其实，不是孩子不听话，也不是孩子故意跟父母作对，而是家长总是用大人的标准衡量孩子。

我家离公司很近，通常我都是走路上下班。公司旁边有一所幼儿园，我经常会看到一些爸爸妈妈接送孩子。有一天下班回家，刚走到一个转角，我就看到这样的一幕：一位年轻的女士正拽着一个小男孩的耳朵，这个孩子大概是刚上幼儿园大班的样子。这位女士一边用力扯一边说："跟我回家，跟我回．

家。"但孩子努力往相反的方向挣脱，同时一边哭喊着。

看到这种情况，我本能地喊了一下："怎么回事？你是谁？"我这么一喊，这位女士很本能地手一松。趁着她松开手的时候，孩子赶紧跑掉了。跑了二十多米远，孩子开始站在路边哭，又气愤，又委屈，又伤心。看孩子站在那里不跑了，我问那位女士："你是他的什么人？"

"我是他妈妈。"她回答我。

"你怎么可以这样对孩子呢？"我问道。

"没有办法的，这个孩子太倔了，不讲道理。"孩子的妈妈说。

我说："不会，这么小的孩子，怎么可能这样？"

"你不知道，这个孩子根本就不会听我的话。"他妈妈接着说这个孩子怎么怎么不听话。

"真的吗？"我问。

孩子的妈妈说："真的。"

"这样啊，你站在这里别动，我帮你试试看。"我建议道。

"那好吧。"她就站在那里等着。

我一边看着那个孩子，一边慢慢向他走过去。我走得很放松，所以这个孩子看着我走过去也没有跑。当我走到那个孩子面前的时候，我稍微蹲下一点，正好跟他平视，然后问他：

"孩子，刚才是怎么了？"这个孩子就用手指了指前方。我就问："你是不是说，你想从那边回家？"孩子点点头。我明白了，他是想绕一圈回家。于是，我对他说："你知不知道妈妈为什么不让你从那边走？"他不说话。我说："我告诉你，因为你妈妈是这个世界上最爱你的人，他担心你从那边走会有危险。那边有很多车，所以她想让你跟她从这边回家，你知道吗？"他听了之后，点了点头。

接着，我又说："这样好不好？我让你妈妈过来，然后你跟妈妈一起回家，可以吗？""好。"这孩子很快就同意了。在跟他对话之前，我走到他身边时试着把手放在他的头上。刚开始，这个孩子很抗拒，很气愤，但当我的手放到他的头上，抚摸他的时候，大概就是十几秒时间，他的坚硬、抵抗开始柔软、放松下来。我知道，这时候他已经接纳我了，不抗拒我了，所以接下来，我捧起他的脸，跟他说了上面的这些话。

后来，他的妈妈走过来了。我牵起孩子的手，放到他妈妈的手里说："去吧，跟妈妈一起回家。"这时，他妈妈说："还不谢谢叔叔？"那个孩子转过身说："叔叔，谢谢。"那一刻，我的眼泪都下来了。我觉得这个孩子真的是好可怜。那么乖、那么好的孩子，他的妈妈居然那样扯他的耳朵，我都担心他的听力会不会被损坏！

我从接触他，到他点头说可以，也就一两分钟。而且我也没有说什么大道理，但这孩子并没有像他妈妈说的，很倔强，不讲道理。在我看来，这个孩子是很可爱，很好的。为什么他的妈妈认为这是一个倔强的、不讲道理的孩子呢？根本原因就在于，这个妈妈一直是在拿她自己的标准衡量孩子。

她孩子说，他想绕一圈再回家，而她觉得绕一圈麻烦，不符合她的标准。我们大人的标准常常是什么？方便。这么走近，你却非要绕一圈，一点也不听话。我们成人的标准是近，但孩子的标准常常是好不好玩。当我们坚持用我们的模式、标准来评价和衡量孩子时，孩子的决定和行为就成了我们认为的源源不断的问题。但为什么一定要孩子按照我们的标准做事呢？如果我们真的很爱孩子，多陪他走五分钟路，又如何？

沟通也好，教育也好，我们真正地尊重孩子、爱孩子，就别再拿我们的标准去衡量孩子。这样，我们才能懂得孩子的需要。如果你不懂，或者你懂孩子的需要，但是你就是不愿意让他按照自己想的去做，那你就会觉得和孩子相处很难、很痛苦，而且，孩子还会因此受到伤害。

# 05

## 用教练的智慧
## 激发孩子的学习自主性

孩子的学习好不好往往取决于「要我学」还是「我要学」。只有帮助孩子转变对学习的看法，让他体验到学习的正面意义和乐趣，孩子才会爱上学习，主动学习。

## 体验到学习比玩游戏更有趣，孩子才会爱上学习

很多家长把游戏视为洪水猛兽，想尽一切办法不让孩子玩游戏。但最后，孩子更爱玩游戏了，对学习也更讨厌了。所以，与其想怎么样才能让孩子不玩游戏，不如思考孩子为什么爱玩游戏不爱学习。

一次讲座上，有个家长特别痛苦地跟我说，她的孩子玩游戏，沉迷于网络，天天不学习，她拿孩子一点办法都没有。其实孩子喜欢玩游戏，正常不正常？再正常不过了。但有人会说，有节制地玩当然正常，但如果每次玩的时间太长，需要家长不断地催促、提醒，就不正常了。这话有错吗？没错，但这仍然不代表孩子玩游戏有问题，而是家长嫌他玩游戏的时间过长，影响了他的学习。

孩子为什么喜欢玩游戏？因为游戏好玩。那孩子为什么爱游戏不爱学习？因为我们没有给他营造一个更有趣的学习体验。如果让孩子感觉到学习也很有趣，甚至比玩游戏更有趣，他会喜欢干什么？我想，一定是学习。所以，你别执着地把他从游戏桌上赶走。你越赶，他越离不开，因为你每次不让他玩游戏，他都知道你是要让他学习，他会觉得：本来我可以玩这么好玩的游戏，结果你非把我赶去做不好玩的事情。所以孩子对学习会越来越讨厌，越发觉得学习是麻烦的事情。因此，家长千万不要这么做，要不然肯定事与愿违。那该怎么做呢？你要为学习这件事，营造出一种好玩、有成就感、舒服的感觉。

怎么可能把学习搞得比游戏还要好玩？我认为，这里的关键不在于有没有具体的方法，而是我们愿不愿意改变想法，从这方面去想办法、去经营。所以对于孩子玩游戏，我们内心首先要把这件事看作是正常的。转变信念，我们才有可能比较积极地去经营一些东西，然后等待孩子自己慢慢转变。如果现在一直纠结、执着于说一句话，孩子马上就不玩游戏了，这是不可能的。

这就好比一个人得了慢性病，是长期不健康的生活方式造成的，医生跟他说要调整生活方式，饮食要注意什么，运动要怎么加强，他却说你给我一种药，让我吃了马上就好，这是不可能的。

同样，孩子喜欢游戏超过学习也不是一天两天形成的。我们与其执着于能用什么方法让孩子立刻就爱学习超过玩游戏，不如想想为什么孩子那么沉恋游戏。很多游戏其实并不容易，甚至是很难的，但孩子为什么还那么爱玩呢？玩过游戏的人都知道，每次游戏一结束，马上就会知道自己的得分，然后就想再来一次，让得分再高些。就是这种不断想超过已有得分的心态让我们玩了一次又一次。

可见，爱玩游戏的孩子是有挑战精神的，要让他们像爱玩游戏一样爱学习，我们就得想办法给他设定目标，并让他及时知道目标的实现情况，帮助他了解如何才能挑战自己，让目标一次比一次高。当孩子从学习中也能得到玩游戏时的那种积极体验和成就感时，他又何必迷恋游戏呢？

我们跟孩子讲大道理，比如学习很重要，你将来会怎么样……那些都是道理，不是感受，人是活在感受中的。为什么那么多人谈恋爱？因为谈恋爱的感觉好、开心。一样的道理，如果在学习中，孩子能体验到好玩、开心快乐，能感觉到荣耀、兴奋，孩子怎么会不愿意学习呢？如果这种感觉比玩游戏还要好，孩子又怎么会迷恋游戏呢？

## 用鼓励成就孩子

> 我一直都认为，没有教不好的孩子，只有不会教的老师和不懂孩子的家长。如果你总是能够在孩子的学习过程中找到他的闪光点，鼓励他，欣赏他，孩子又怎么可能不爱上学习呢？

新东方教育集团的总裁俞敏洪曾经在他的博客上讲过一个美国物理学家的故事。那个故事让我印象深刻。

故事中的这个物理学家刚学物理的时候，非常讨厌物理。第一次物理考试，他只考了8分，之后他的物理老师找他谈话。美国学生通常比较开放，比较大胆，他就直接跟老师说："我不想学物理。"老师问为什么。他回答："物理太难了，我根本就不懂，你上课讲什么我都不知道。再说，我也不喜欢你这个老师。你讲得那么快，我刚听明白上一句，你已经说了好几句了，我跟都跟不上，所以我不想学物理。"

听了他的话，老师说："原来是这样啊！不过，正常、正常。之前我也遇到过很多像你这样的学生，一开始不喜欢物理和我。不过学着学着，他们就喜欢物理这门课，也喜欢我这个老师了。"然后老师又说："这次你只考了 8 分，也实在太低了。如果我把 8 分写在你的成绩单上，你拿回家给你的爸妈看。你会不好意思，对不对？"

孩子点点头，老师接着说："那这样好不好，你稍微认真一点，努力一些，下一次你如果多考几分，我就在你的成绩单上写上及格，好不好？"

"好。"孩子说，但孩子心里对老师的话还是有所怀疑，"真的？假的？"他就问老师。

"当然是真的啦。"老师回答。

"那我下次考多少分，你给我及格呢？"孩子问。

"10 分！10 分怎么样？"

"好，说话算数。"

虽然他的心里还是有疑问、但他感觉很放松，甚至很开心，毕竟不需要把 8 分的成绩单拿回家了。同时，这个孩子心里还觉得这个老师挺有意思的，以前从来没有遇到过这样的老师。所以，他就不那么讨厌这个老师，甚至对他有点好感。从那以后，上物理课的时候，当他有一点喜欢听的时候，他就听；遇到听不懂的，也就算了。作业，也是能做就做一点，反正老师的要求是 10 分，又不是 90 分。他开始慢慢接受物理了。

　　过了两个月，第二次物理考试，这孩子考了 28 分。28 分，其实跟 8 分也差不了多少，还是倒数第一。但因为他进步了 20 分，所以老师在进步最快的前十名中，把他的名字排在了第一。因为是第一，这个孩子还是很开心的。而且他拿到成绩单一看，上面果然写着及格。他更开心了。之后下课在走廊上碰到老师，老师还对他说："很好，你进步了，太好了，继续努力。"老师这么一说，孩子觉得更开心了。考了 28 分，通常的情况下都应该是被老师骂的，但现在居然还被老师夸奖。从那以后，他越来越喜欢这个老师，也越来越喜欢物理课了。

　　而且自那以后，他只要进步一点点，哪怕是一点点，这个老师都会说，"又进步了"，用各种各样的方式来欣赏他、肯定他。最终，这个孩子成了美国著名的物理学家。

　　那么，你的孩子有没有考过 8 分？没有吧，可能考 80 分，你的眼睛就瞪起来了。考 8 分，你可能连门都不让他进。但是，如果他考 8 分，你连门都不给他进，你觉得他有考 80 分的可能吗？没有可能。你越骂他、越惩罚他、越看不起他，他越不喜欢这门课。所以说，解决孩子的学习问题，老师、家长的智慧很重要。

我没有去调查、考证过这个故事，但我相信它是真的，因为我自己就有一个非常相似的学习经历。我小学、初中和高一，都是在农村的学校上学。我上学的那个年代，农村跟城市的学校相差很大。农村学校的老师，基本上都是高中毕业就教初中。

到高二的时候，我爸把我送到温州城里读书。我在农村上学的时候，成绩不错，基本都在前十名。但转校以后，我第一次考试，排名第 35 名。全班总共 48 个同学，我的成绩算是倒数。我自己都蒙掉了，因为我的名次从来没有这么靠后过。

那次考试之后，我的班主任吴老师找我谈话。她说："我知道你是从农村来的，你爸爸妈妈把你送到城市里读书不容易。你这次没有考好，是什么原因？"

我就跟她说："老师，不是我不愿意学，也不是我不认真，是我没有办法学。"

吴老师就问："怎么会没有办法学呢？"

"我原来在农村上学，老师全部说方言。现在你们都说普通话，我虽然听得懂，但是跟不上速度，我听了上句，就接不了下一句。你讲的英语更是这样，我原来的英语都是用温州话讲的。我们村里的那个英语老师就是高中毕业，他自己都不认识几个单词。他的读音也不是按音标来的。现在，你整堂课用英语讲，我每天就像听天书一样，一个字都听不懂。"

吴老师听完后说："是这样啊，那我理解了。不过既然你来了，就要认真一点。你看这样好不好？英语是我教的，我也会跟其他课的老师说说你的情况。但是有一点，下课十分钟，你就来问我问题。不论什么问题都可以来问我。先不管其他的，有不懂就来问我，你看好不好？"

吴老师的要求不高，也没有说让我考多少分，我就答应了。之后每次英语课下课，她就看着我。她一看我，我就不好意思，只好找一个问题问她。开始的时候，我只是随便拿几个单词怎么读之类的问题去问。同学都很惊讶，还笑话我说："读高二了怎么还问这种问题，太小儿科了。"但是吴老师从来不笑话我，每次都很耐心地回答我的问题。而且除了回答我问的问题外，她还会告诉我更多的。这样问着问着，我提的问题一点一点变深。慢慢地我的英语就有进步了，也开始对英语有兴趣了。就这样，我的英语成绩从开始时的倒数第一，变成倒数第二，倒数第三，慢慢往上升；分数也从四十多分、五十多分到及格，慢慢往上升。我的成绩开始进步的时候，吴老师每次碰到我就说："有进步，有进步，很好很好。"我听了心里特别开心，就想着下一次还要进步一点点。

我是 1986 年高中毕业的，离现在已经有三十多年了，但我依然还记得很多吴老师夸我的细节。其中有一次，我们考完试后吴老师讲解试卷，有一道题是考介词填空，她讲到这个地方的时候，特意说："这道题，全班做对的，只有一个同学。"我一看我是填对的，心里很开心。她说完，全班所有同学的眼光都集中到了班上英语最好的同学身上，然后吴老师就讲，做对这道题的不是他，而是我。听完这话，那些同学全部用惊呆的眼光看我。我知道，他们心里在想：那个家伙每次都倒数第一，这次就他唯一一个做对了？

但当他们看过来的时候，我赶紧把试卷先压住，因为我试卷上的成绩才 48 分。如果被他们看到，实在是太丢脸了，但我心里还是很美。像吴老师这样夸奖我的细节，我现在还记得很多。每一次只要我进步一点点，吴老师都会用各种方式来夸我，鼓励我。就这样，只用了两年时间，我的英语成绩就从全班倒数第一，变成高考 82 分的好成绩。这个成绩在当年算是高分了，而且在我们班里已经是前十名了。要知道，英语不像数学，懂了就会考了，英语是要花时间积累的。这相当于我只用了两年的时间就把初一到高三六年的课程全部学完了，而且最后还考得不错。

最后高考的时候，我们全班一共有六个人考上大学，我考了全班第四名。当年考上大学以后，在很长的一段时间里，很多人都夸我读书厉害。我也一直以为是自己厉害。但后来年纪大一点，我终于明白了，当年厉害的根本就不是我，是吴老师。她太厉害了，她用了两年的时间，就把我这个从农村来的倒数的孩子送进了大学。是她把我身上的学习潜能 200% 地激发出来了。而且我们学校在 1986 年之前，每年的大学入学率为零。那一年，我们班能有六个人考上大学，完全是因为我们遇到了智慧的老师。

所以我经常跟一些家长、老师说，我绝对相信，没有教不好的孩子，只有不会教的老师和不会教育的家长。如果当年没有遇到吴老师这么智慧的老师，我这样的基础——都高二了上英语课还跟听天书一样，怎么可能考上大学？

但在这里我想告诉各位，你千万不要指望你的孩子也会遇到这样有智慧的老师。这样的老师是可遇不可求的。你应该指望，并且你唯一可以指望的，是你自己。一是因为你不能选择哪个老师来教你的孩子，二是你不可能决定那个老师的教育方式。但是你可以决定自己，你可以决定你要成为怎样的父母。要不要提升自己？要不要去学习、培训、成长？这是你可以决定的。学校的老师再有智慧，毕竟他有那么多学生，不可能关注到每一个孩子。但是你如果成长为智慧的父母，你的智慧可直接服务于你的孩子，那对孩子的影响就是 100% 的。再加上你的用心，又怎么会有教不好的孩子？

## 与其给答案，不如提问题

当孩子产生好奇和探索心理时，引发他的思考永远比直接给他答案要有意义得多。

　　一次我在培训的时候，有一位妈妈跟我说，最近这段时间，她快崩溃了。她说她的女儿刚上幼儿园大班，这段时间特别喜欢问问题，问这问那，好像十万个为什么。更加麻烦的是孩子问的问题，有些她根本就不知道答案，没有办法回答。现在，她都有点怕孩子问问题了。于是我就问她："你说说看，都有些什么样的问题？"

　　她就讲了上周末发生的事情。当时她在家里干活，女儿跑过来问她："妈妈，蝴蝶为什么会飞？"她想了想后对女儿说："孩子，因为蝴蝶有一双大翅膀，所以她会飞。"

　　女儿一听有道理，有大翅膀就会飞，然后就走了。但过了两分钟，女儿又来了，问："妈妈，蜜蜂的翅膀那么小，它怎么会飞得比蝴蝶快？"

"蜜蜂飞得比蝴蝶快是因为蜜蜂的翅膀虽然小，但拍得更快啊。"女儿一听有道理，又很开心地走了。但不到两分钟，女儿又过来问："妈妈，小鸡也有翅膀，它怎么不会飞呢？"

她想了一会儿告诉女儿说："宝贝，因为小鸡太懒惰了。它不用翅膀去扇，所以它就不会飞。"女儿想了想，好像有道理，但马上又接着问道："妈妈，我们去坐飞机。飞机的翅膀一点都不动，为什么它会飞呢？而且它还飞得那么快、那么高？"

女儿的问题一抛出来，这个妈妈就崩溃了。这个问题她哪里知道，只好跟女儿说："孩子，你别问了，好不好？这个问题妈妈也不知道。"女儿听了她的话表现得很委屈，也很失望，她立刻感觉自己好像做错了。

这个妈妈的经历，我相信很多家长也会遇到。孩子对这个世界充满着好奇，我们很容易就会被他们问住。但是作为一名教练型父母，我不会像她那样每次都直接给孩子答案。我会把问题给回孩子，然后帮助他自己去想。当孩子问问题的时候，直接告诉他答案和把问题给回他是有很大不同的。如果你告诉他答案，孩子只不过是多了一点知识而已。知识其实是学不完的，但获得知识的能力和获得知识的兴趣，比知识本身要重要得多。

　　当我的孩子来问我："爸爸，蝴蝶为什么会飞？"我会怎么做呢？我会反问他："孩子，你问得真好，这个问题很有趣。蝴蝶为什么会飞呢？你想一想看，蝴蝶为什么会飞？"当我这样问他的时候，他是不是就会去想，蝴蝶为什么会飞？这时会有两种情况，一种是他想出来了，一种是想不出来。如果他想出来了，我会立即欣赏他："哎呀，孩子，你自己想出来是因为蝴蝶有一双大翅膀。你太棒了，你自己找到答案了。"他自己找到答案，又得到欣赏，比起我告诉他答案，那感觉会一样吗？肯定不一样。他会觉得自己很厉害，很开心。而且，他的自信心也会噌噌地树立起来。当然，也可能他想不出来，想不出来怎么办？我就启发他："孩子，想想看，蝴蝶有什么？"然后我会用手比一比翅膀扇动的姿势。这样一比，或许他的答案就被我启发出来了。"啊，爸爸，我知道了，因为蝴蝶有一双大翅膀，所以它会飞。"这时候，我也会立即欣赏他："你看，你自己想出来的。"

　　当孩子再过来问问题，比如，"蜜蜂的翅膀那么小，它为什么飞得那么快？"我会继续问他："孩子，这个问题更有趣。是啊，蜜蜂的翅膀那么小，它怎么会飞得那么快呢？我们来想想看。"他有可能想出来，有可能想不出来。想出来，我就夸他、欣赏他。想不出来，继续启发他。"看看蝴蝶的翅膀是怎么扇的？蜜蜂的翅膀是怎么扇的？"这一对比，孩子就有可能想出来了——因为蝴蝶翅膀扇得慢，蜜蜂扇得快。

当他再回来问我："小鸡有翅膀，它为什么不会飞呢？"我会继续让他想想看。通过前面两次的启发，或许这一次他很快就知道了："哦，是小鸡它不愿意扇翅膀。"这时我还会顺势说："对啊，你看小鸡那么懒惰，小朋友不能跟它一样，所以你要锻炼，你锻炼了将来你就跑得快。否则你就跑得慢，跟小鸡一样有翅膀也不会飞。"

最后当他来问："飞机有翅膀，但是它不扇翅膀也飞得快，是因为什么？"这个时候，我会继续问他："嗯，飞机的翅膀一动不动却会飞，怎么回事？想想看，再想想看。"这时你可能再怎么启发他，他都想不出来了，因为这不是他能力范围内的事。要回答这个问题，可能要学很多关于空气动力学的知识。即使我们很多成年人，没有学过自己也未必知道，所以也没法启发他。怎么办？我会跟他说："孩子，我告诉你，不仅你想不到，我也不知道。不过有人知道。"孩子一定会很好奇问你："爸爸，谁知道？""咱们老师知道啊，你知道吗？你现在上幼儿园，将来要上小学、初中、高中、大学。等你读到高中、读到大学的时候，那里的老师可厉害了。他们会告诉你，飞机为什么飞得那么快。"

我不断地欣赏、启发孩子，他有什么感受？他会越来越自信。对于学习充满期待，而且还会在他幼小的心灵中建立起对学校的好奇、好感和对老师的敬畏。让他从小就产生"学校是很好的地方，老师是很厉害的、很了不起的"这样一些想法。那他对学校、对老师的印象都是美好的、有趣的，他对学习自然就会有兴趣了。

前面我说，让孩子爱上学习，不是你直接把他从游戏桌上拉回来，坐到书桌上那么简单的，而是要这样从小一点一滴培养的。同样，当孩子产生好奇和探索的心理时，引发思考永远比直接给答案要有意义得多，所以一定要在孩子幼小的心灵中，埋下这些良好的种子。这对孩子长大之后爱上学习特别有效。而且孩子越小的时候，你这么做，埋下的种子会越深，以后它发芽、长大，效果就越好。

## 常被肯定的孩子爱学习

每个人都是希望被欣赏、被肯定的。因此，想让孩子爱上学习，最好的办法就是多肯定他。让他在学习中获得成就感，他自然就爱上学习。

我儿子上学时候的名次通常都在班级前十名，但高二有一次考了第 26 名，那可能是他中学期间考得最差的一次。我去接他的时候，儿子一上车就闷乎乎的，不说话，不像平常跟我有说有笑。我事先已经知道他这次考砸了，去接他也是打算跟他做一次沟通。

我说："儿子，你今天闷闷不乐，怎么回事？"

"爸爸，你不是知道了吗？"他知道每次考完试，我都会去了解他的成绩。

"哦，是不是因为考试考砸了？差到什么程度呢？才 26 名你就闷闷不乐了？"

"那难不成考 26 名，我还要高兴？"

"儿子，你 26 名就这么闷闷不乐，你班上第 36 名的同学要怎么办？那个第 46 名的同学要怎么办？"

"爸爸，难道我考了 26 名还要开心吗？"

"不管你开心不开心，我是挺开心的。儿子，你们温州中学是向全市招生的，你这个班里面的那些同学，在初中的时候，不要说全班数一数二，甚至可能是全校数一数二他才能进来。他们进来了，他们也想考前 10 名的。你以为他们都很容易？你以为他们不想考好？凭什么一定让你考好，人家就 20 名、30 名、40 名？没有道理啊，儿子。"

本来我的儿子是闷闷不乐的。听了我的话，我发现他开始轻松起来。接着我又说："儿子，今天关于你这次考试的交流到此为止。我们不谈它了。今天回家，你爱干什么干什么，你喜欢干什么就干什么。"

"我想打游戏。"

"好。今天晚上打算玩到几点？"

"反正我要玩到不想玩为止。"

"好。"

回家吃完饭，我干我的事，儿子就玩游戏去了。第二天吃午饭的时候，我问他："儿子，你昨天晚上玩游戏玩到几点啊？"

"十二点半。"

"才十二点半就停了，你不是要玩痛快吗？"

他说："到十二点半，我觉得已经没劲了。"

"玩了四五个小时，就没劲了？"

"后来我上床的时候，很久没有睡着，于是就想了一下我的考试，我还总结了一下，这次考试我没有考好，其实我觉得也没有什么。"

我说："为什么？"

"爸爸你知道吗？我考试的时候，不知道怎么回事，就没有发挥好。好几门课，我都没有发挥好。其实我都是懂的。"他说。

"哦，是这样的。那怎么办？"我说。

"没事儿，反正我会继续努力的。我还要再分析一下这次考试的卷子，看看哪些地方是懂的但没有做好的，哪些是真的不懂。"

"哦，那好。你这样一分析总结，我绝对相信下一次你会有提升的。"孩子这样主动地分析总结，跟我们家长要求他、督促他，哪种效果更好？当然是孩子主动分析总结好。

　　我们经常对孩子说:"孩子,只要你努力了,考得好不好没有关系,爸爸都接受。"这句话很多家长嘴上都挂着,但当孩子有一天真的没考好,家长内心首先想的是:完了,这次考砸了,都是因为这段时间他没有好好复习。

　　就是因为我们心中总是先做这样的分析和评判,所以看孩子的眼光,自己的身体、语言都变化了。做得好一点的家长会说:"孩子,没有关系,考不好了,好好总结一下这次怎么考不好。语文为什么考不好,英语为什么考不好?马上总结。"做得差一点的、过分一点的家长,马上质问孩子:"你是怎么回事?为什么语文考这么差?"平时嘴上说没有关系,这会儿就急了。事实上,哪怕我们只是说总结总结,也就是在告诉孩子,考得不好其实是有关系的。没有关系,干吗那么着急总结?如果真的没有关系,那想的、说的都是:"26名,很好啊。成绩就是有上有下的嘛。孩子你想放松休息一下,好啊,去吧。"

　　有个爸爸跟我说,他儿子今年16岁了。虽然儿子的各方面也不错,但就觉得他上进心不足,没有目标。因为儿子总是在跟他强调差不多就行了,还总说为什么要做这么好呢,学习好不见得以后的成就大。这个爸爸觉得儿子没有向上的动力,认为如果再努力些,儿子能更优秀。

然后，我问他跟孩子的关系怎么样？他说不太好。有一次儿子考试考砸了，他好长时间不理儿子，还给儿子脸色看，不给儿子做饭。就是做，也做得不好吃。我问他孩子考得不好，怎么不好？他就说儿子初中升高中的考试是年级第 4 名，但这次只考了年级第 9 名。我再问他，那你觉得他应该考多少？他回答说觉得孩子没有用心。还说，其实他不在乎儿子考得好坏，用全力了就行。他说，考试前，儿子回家天天看动画片，现在周末也抱着动画片看。我问他，假如孩子考试之前天天学习，学到夜里一点钟，然后考第 9，他觉得怎么样？他说，那孩子就是真的用心了。

有的家长就像这个爸爸一样，看不得孩子开心。孩子每天学习学到夜里一点多，他就满意了。可是，这不有毛病吗？孩子轻松考第 9 不好，非要很痛苦地学到夜里一点多才好？

这样的家长还不少：孩子在那里写作业，半个小时就搞定了，他觉得只做半个小时不够，少了，得给孩子多加点题；然后孩子不开心了，一边做一边玩，本来八点半可以写完的，因为多做三道题，孩子一个半小时都做不完。然后到了十点钟，家长一看睡觉时间到了，哪怕这三道题没做，他也觉得这下学得差不多了。这些家长非得搞得孩子觉得学习是麻烦的、讨厌的、痛苦的，才安心。所以说，不是孩子不爱学习，是很多家长喜欢把学习弄得痛苦、枯燥、没意思。

　　之前那个爸爸还说自己孩子没有太大的目标，考第 4 名觉得挺好，考第 9 名也觉得挺好。可孩子为什么这样？因为他不敢有目标，他知道，就算考第 4 名，爸爸也肯定不满意，还会要求他考第 3 名。他要是第 3 名，爸爸还会说要考第 2 名。他要是年级第 1 的话，爸爸可能还会说，他这个学校还不是重点学校。在他看来，学习已经完全变成为了让爸爸满意而做的一件事。这就是很多孩子对学习没有激情的原因。

　　还有个妈妈跟我说，她对孩子是没有什么要求的，对他真的很放松。我问她怎么个放松法？她说，我只要我的孩子每次能够考 90 分以上，每次全班前十名，每次进步一点点就可以了。这到底有没有要求？都前十名了，每次还要进步一点点，要到哪里去？何况每次进步一点点，就是每次考试都不能退步。这不是没要求，这是超高要求啊！

　　其实，在学习的过程中，成绩上上下下是太正常不过的事情。一个人，即使是天才，他也会有起起落落的时候。每次进步一点点，这是不符合学习规律的。学习的规律是什么？那就是，成绩是起起落落的，有高有低的，哪怕他这段时间非常用功，有时候也有偶然因素会考不好或没有进步。没有一个人，他总是进步，没有这样的事情。

　　不对孩子说必须考第几名，只说每次进步一点点。你以为这是对孩子放松了？其实你这是在变相否定孩子的付出。你以为考年级第 9 是一件很容易的事情？不容易的。但我们很少说，孩子你这次考得真好，真不容易，吃了不少苦，好好放松一下，而是说争取下次进步。

　　人都是希望被欣赏、被肯定的，没有人愿意被处罚、责骂、要求。所有行动的发生都是靠心中的能量，而不是靠道理。如果在孩子轻松考第 9 名的时候，家长不去欣赏，不去肯定和鼓励，只是瞪起眼睛教训他没有全力以赴，知道孩子的心情会怎么样？低落、沮丧。那他又如何有继续学习的动力。所以，家长千万别做那个把孩子学习能量往下拉的人。

　　还有很多家长问我怎样让孩子喜欢学习？通常我的回答都是：没有办法，功夫在题外。你如果天天跟孩子说，学习怎么怎么重要，那根本没有用。你要做的就是多肯定孩子，不要总是觉得孩子考出来的成绩都应该是更好的。你先肯定他的成绩，让他在学习中获得成就感，他自然就爱上学习了。

## 别用成绩定义孩子的成就

> 人生的成就是多种多样的，不能只以学习
> 成绩论输赢。成绩是重要，但它永远不是最重要
> 的，更不是唯一重要的。

　　几年前，我参加了初中毕业三十年的同学聚会。我初中是
在农村读的，那个年代，农村教育跟城市教育差距很大。初一
时我们学校有四个班，初三毕业时只剩下一个班。而且初一的
时候，学校是六十个人一个班，初三毕业时全年级只有五十个
人。也就是说，差不多有五分之四的学生辍学了。

　　那次同学聚会时，很多没有毕业的同学也都来了，大家玩
得非常开心。聊天的时候，大家都说三十年才开一次同学会，
实在是太久了，不如五年开一次。还有人提议说，这一次的聚
会经费是大家平摊的，下一次聚会不如就经济条件好些的同学

多出一点，经济条件不太好的就不用出了。这个提议一提出，很多人响应。也有人提议说我们开同学会，也不需要那么多钱，如果愿意出，有几个出就可以了。最后，有八个人愿意出钱，一个人出一万，开一个同学会已经足够了。

我们那五十个毕业的人，连我在内，最后考上大学的有十来个，基本在同一个城市里，平时联络也比较多。说起那次的同学会，我们突然很惊讶地发现，愿意出钱的那八个人全部是没有毕业的，都是只读了初一、初二就退学了。其中一个是意尔康集团的老板，他只读了半年初一，现在有亿万资产。而我们这十几个考上大学的，我可以肯定地说，没有一个人资产超过一个亿。如果我们只以学习成绩来衡量，那他岂不是失败者？虽然我们不能说，你赚钱了就等于你成功了，但是，我们无法否认这也是一种成功。

再讲个案例。我有一次邀请一个学校的副校长给家长讲课。她说的是自己的经历，我觉得挺有意思。这个副校长说，她有一个哥哥。小时候她的哥哥非常聪明，全校的同学、老师都说她哥哥就是个天才，特别是在数学上。高中的时候，她哥哥还获得全国数学竞赛一等奖，被浙江大学提前录取了。在 20 世纪 80 年代中期，如果有人可以直接被浙江大学录取，那说明这个人相当优秀。这个副校长自己呢，从小一直就是个普普通通的小女孩，成绩也总是中等。爸爸妈妈对她的期待也是将来能找到一份工作就可以了。对她的哥哥，那是不一样的。高中时，她努力学习，最后考上了杭州大学。但跟浙江大学比起来，差距还是很大的。大学毕业了，她哥哥被分到温州中学教数学，她被分到温州第十二中学教语文。给我们讲课的时候，她接近四十岁了。她说："现在我哥哥在温州中学教数学，教研组的组长，高级教师。我在十二中教语文，副校长，兼语文组的组长，高级教师。除了职位上的差别，我的工资比我哥哥多，因为我是副校长，有职位补贴。"可当年呢？她的哥哥被认为是天才，长大后肯定不一样；她只被认为是一个普通的小女孩，能找到工作就很好了，更别提有什么成就了。

或许大家会说，这些都是个案。那我们再说一个更加有意思的现象。1977年恢复高考，从1977年到现在四十多年了。每年高考、每个地级市，都有两个高考状元，一个文科，一个理科。以地级市为单位，全国地级市超过五百个。也就是说，每年至少有一千个高考状元。四十多年，就有四万个高考状元，这个数字不小了。

这四万个地级市的高考状元，现在年纪大的已经六十来岁了。有人专门做过统计，这四万个高考状元里面，没有一个成为国家级的领导，没有一个成为世界级大师、科学家、艺术家，也没有一个成为最顶尖的老板、企业家、社会活动家，而这些高考状元当年都被视为全国精英。

我举出以上这三个例子，不是为了说明成绩不重要。成绩是重要的，但是它永远不是最重要的，更不是唯一重要的。可很多家长把它看成是唯一重要的，总跟孩子说，只要你好好学习，什么都依你，什么都可以。这是什么意思？学习成绩是唯一重要的。人生的成就是多种多样的，如果只以学习成绩这一项内容来定义孩子的人生和发展，那么孩子如何能够拥有缤纷多彩、有意义的成长历程呢？

杨振宁是获得诺贝尔奖的著名华人科学家，他说过这样一段话："据我所知，在获诺贝尔奖的科学家里面，几乎没有当年读书总是考第一名的。相反我却发现了几个当年读书总是排在最后面的，成了获奖科学家。"再看看两个获得诺贝尔奖的两个人：一个是莫言，诺贝尔文学奖；一个是屠呦呦，诺贝尔生理学或医学奖。屠呦呦人称"三无"教授，无博士学位，无出国经历，无院士地位。莫言就不用说了，初中毕业，农村里出来的，居然得了诺贝尔文学奖。如果成绩最重要的话，应该是北大中文系的学生获得诺贝尔文学奖吧。

德国的教育为什么那么成功？德国只有几千万人口，但是获诺贝尔奖的，德国人占一半。前段时间看到一篇介绍德国教育的文章说，德国人的教育理念是，没有"教育"的教育是最好的教育。我们却天天说不能让孩子输在起跑线上，送孩子上课外补习班、特长班。其实，人生哪有什么输在起跑线上？只有运动场上才有起跑线。而且，这个起跑线，对于短跑、一百米跑很重要，一百米短跑比赛的时候，踩到起跑线一厘米都不让。但你们看过马拉松跑吗？马拉松跑的时候，是不强调起跑线的。人的一生，几十年虽然不长，但绝不是一百米跑。而且我们现在所谓的起跑线都是什么？孩子还在幼儿园的时候，就要看数学计算，十位数能不能算，一百位数能不能算？汉字，认识了几个？诗会背几首，英语单词知道多少？这些东西又哪里是什么起跑线？孩子小的时候，就该让他充分地去玩，让他跟同龄人在一起，这就是孩子最好的人生起跑。

所以从幼儿园、小学、初中到高中，我可以肯定地说，我的孩子上的兴趣班、补习班是最少的。但是现在一放暑假，很多家长就打听，你家补了几门课？报了几个班？你三个，我只有两个，亏了亏了，立马再报几门。现在的学生真的苦，暑假哪里是暑假，比正常上学还要忙。家长还会说一句："这一切都是为你好。"

用成绩来衡量人生，孩子真的能够获得美好的生活和幸福的未来吗？也许，家长们真需要好好思考一下。

## 让孩子学会玩

> 我们每个人都是群居动物，是社会性的。我们在玩的过程中有配合、交流、沟通，也学会了规则、协作和友好。所以，让孩子学会玩，其实是增强他们的社会属性，学习书本上没有的东西。

看到这个标题，有家长可能会想：啊？玩还要学？还有家长可能会说，孩子在这个年纪，他就是要学习的。但实际上，在童年，孩子学会玩比学习更重要，作用更大，对一生的影响也会更大。

人是群居动物，是社会性的。玩的过程当中，会有配合、交流、沟通，所以让孩子学会玩，其实是增强了他的社会属性。而且，不管是孩子还是成年人，喜欢玩都是天性。人的一生，如果把它看成是一场拼尽全力的游戏，人生的幸福感会提升很多。

马云现在是中国最有影响力的人之一，他的事业很成功。马云曾经说过这样一句话："我从来没有看到哪一位企业家，他可以很痛苦地把他的事业做得很大。我看到的，经常是有一些企业家，玩着玩着，就把他们的企业玩大了。"大家都知道马云刚开始做阿里巴巴的时候是很艰难的，但他为什么能做成呢？一个很重要的因素就是他抱着玩的心态。所以，他是特别轻松的、没有限制的，敢于实践和尝试自己的想法。当我们很开心、很愉悦、很轻松的时候，我们的大脑、我们的创造力，才能够真正地、最大限度地被激发出来。

那么，我们应该让孩子怎样去玩呢？首先要有玩伴。现在大部分孩子都是独生子女。像我那个年代，一般兄弟姐妹三五个，整个村子里的孩子都在一起玩。但在城市里，很多家庭连对面这一户人家是谁都不知道，往往是一个孩子面对六个大人，爸爸妈妈，爷爷奶奶，外公外婆。我这里说的孩子的玩伴，不是说一定是同岁的，上下也行，比如三岁的孩子，他可以跟五岁、八岁的孩子玩，也可以跟一岁、两岁的孩子玩。他们是同一个年代的，有共同的语言、共同的感受，这很重要。

第二是要有规则地玩。最好的玩法是做游戏、做运动。做游戏是有规则的，比如说踢足球，有足球的规则。小孩子踢足球，虽然不像成人的足球比赛那么严格，但它也是有规则的。哪怕是跑步，也有跑步的规则。你要是破坏规则，就会被同伴或者被竞争对手处罚；遵守了，就没有问题。这个过程会帮助孩子从小建立起一种遵守规则的意识。

世界上最守规则的是德国人。德国人夜里开车，哪怕路上没有人，哪怕知道这个十字路口没有监控，但只要遇到红灯，他们一定会停下来。我还看到有一些报道说，德国的钓鱼池旁都会立一块牌子，五百克以下的鱼不可以钓走。所以，即使钓鱼的时候旁边什么人都没有，但是因为牌子上有这个规定，钓鱼者钓起鱼来的时候一定会拎一拎有没有五百克。如果没有，就算是四百克，他也会放回去。

但我们在规则意识上的教育是比较缺失的，所以在过去四十年里，我也是不守规则的，我一年开车的罚单也很多。我开车时和很多人一样，能超就超，不管它是实线还是虚线，一看红灯，路口没人，下意识一脚油门就冲过去。这些行为已经变成下意识的活动，因为我们从小就没有树立严格的规则意识。

第三要有对抗地玩。对抗的意识、能力，是在玩当中锻炼出来的，其中运动、比赛是最好的形式。但是现在很多父母对独生子女有点溺爱。孩子跑步跑得快一点，爷爷在后面追着，

"别跑那么快"；小区里小朋友可能有一点争吵，家长担心孩子受欺负、受伤害。其实，孩子跟孩子玩，哪怕是打架，只要不拿工具，只是用手打，脸上被揍一拳、挠一下，没有什么；哪怕是摔倒了，最多就是裤子擦破了，皮擦破了，或者头撞一个包。家长一直在旁边拉着、护着，那孩子这种对抗的能力就没有了。

无论是在奥运会上，还是在世界锦标赛上，留意观察一下，我们就会发现，我国运动员拿金牌的项目都有一个特点：个人项目多，单项奖的多；集体项目、对抗项目很少。我们拿奖牌最多的运动项目就是乒乓球，但是乒乓球台中间隔了一道网，双方运动员没有冲突；我们的羽毛球项目也很厉害，赛场中间也是隔一道网。三大球里面，只有女排曾经辉煌过，但是排球场地中间也是隔着一道网。没有隔着网的呢？篮球怎么样？无论男篮还是女篮，成绩都不突出。足球的成绩更是不提了，十三亿中国人，比不过阿联酋几百万人口的国家。什么原因？难道是中国人身体素质不行吗？不可能，再怎么不行，挑出来十一个人，也总是有的。

那是因为，我们整个国家不允许孩子在小的时候去锻炼，去对抗。包括现在学校里也是这样，很担心孩子的安全，运动会上，运动场上，经常限制孩子们活动。为什么？因为对抗运动有可能碰伤，有可能摔倒，碰到头上出包，甚至出血。一旦这种情况出现时，家长常常找学校去吵、去闹，然后让学校赔偿、道歉，所以学校干脆多一事不如少一事，有些运动就取消掉。

我非常佩服一所学校，那是浙江省最好的高中学校——杭州二高。他们校长写的校训是：文明其精神，野蛮其体魄。我觉得这句话特别好。我们现在中国人的身体素质，离野蛮太远了。精神要文明，但我们的体魄要强壮，甚至可以是野蛮的。只是我们现在的教育，限制了很多身体能力方面的训练。但这种对抗能力小时候不锻炼，长大了，基本是锻炼不出来的。比如我们学开车就有体会，你五十岁学，怎么都学不到二十岁时候的灵活状态。人的身体发展，就是越小开始练越好。

所以孩子小的时候，有一些冲突，家长不必急于去主持公道，而应让他们自己解决。只是有些孩子因为没有安全意识，拿工具打的时候，我们需要留意，需要保护孩子。在家里也是这样，唯一要留意的，就是可能会涉及人身安全的事情。譬如说住在楼房里的话，孩子要爬窗台，这绝对不能发生。或者两三岁的孩子，特别喜欢用指头捅插座，一定要禁止。至于在沙发上跳，拿手来打什么的，都是可以允许的。受伤就受伤了，砸一个包就砸一个包，擦破块皮出点血，也没有问题。如果我们都允许孩子有对抗地玩，我们整个民族的身体情况一定会大大地改观。

但很多家长，拿自己的标准要求孩子。我们公司在幼儿园旁边，我经常可以看到一些家长接送孩子。有一天刚下过一阵小雨，地上有些湿湿的，有一些小积水。我看到有个四五岁的小男孩很顽皮，走路不走正道，偏偏要走路旁边的马路牙子。他很开心地走，走着走着就会掉下来；掉下来了，还哈哈大笑，然后又走上去。这个时候他妈妈说："哎呀，你怎么回事，好好的大路不走。"孩子回到路上走两步，趁妈妈不注意，又跑上马路牙子去了。妈妈看到又把他拽下来，拽了几回，男孩上去再走的时候，一个不小心，掉下来，一屁股坐在路边的积水洼里，裤子弄脏了。妈妈过来拎起孩子训道："我跟你说了，叫你不要在这个地方走，你偏要在这个地方走。你看现在怎么办？衣服搞得这么脏。"接着，开始打孩子屁股，把孩子弄得号啕大哭。

有一次我去健身房健身，看到有一位妈妈带着她的孩子，十六七岁的男孩，长得很高、很瘦，去找教练测试身体。测试完，教练说，要锻炼这儿、锻炼那儿。其中有一项是练身体平衡。怎么练呢？走平衡木。那个男孩没有走两步就掉下来了，没有走两步又掉下来了。这样掉下来几次后，男孩火了，"我不干了，我不练了"。她妈妈就在旁边求他："孩子，一定要练。你这么高高瘦瘦的，没有平衡，怎么行呢？"你们看，孩子小的时候，他要练，家长不让练；长大了，怎么样？你得求着他练。那个小男孩走的马路牙子，不就是后来这个男孩练的平衡木吗？

很多家长说我要教育孩子如何如何的时候，我都会说你们最好别出手，让孩子想怎么干就怎么干，喜欢怎么样就怎么样。你们出手，十有八九是错的；孩子要怎么干，十有八九倒是对的。每一个小生命，都是带着自己生命的密码来到这个世界上的。孩子成长过程中，他怎么做，一定会按照这个密码来，过多地干预只会伤害他。所以，尊重孩子自己的决定，他要怎么玩都是对的。除非涉及安全问题，需要家长保护一下；其他的，就随他去吧。

## 别让孩子不敢定目标

> 要想孩子敢定学习目标，我们就要抓住两个要点。一是，别老指望着他定的目标一定能达到，因为 100% 达成目标是不切实际的。二是，别指望孩子制定的目标一定符合我们的标准。

有个家长，女儿上高二了，来咨询我，说她想让孩子定一个目标，哪怕前进一名，也是努力的结果。但每次一说定目标，女儿就恐慌。我跟那个家长说，首先你要区分孩子是真没有目标，还是你觉得只有她成绩很好，才叫有目标，而她定的目标，比如把游戏从十级打到八十级，因为不是你想要的目标，所以你认为她没有目标。

孩子每时每刻的呈现，都不是无缘无故的，一定是过往遇到情况时，父母对待他的态度，决定了这一刻他怎样看待这件事情、他会有什么样的反应。为什么很多孩子都不愿意跟家长说他最终的学习成绩要考到多少名，总分是多少呢？想想当初他制定了目标，最后又没有做到时，我们是不是马上就说，"你的目标没有达成，总结一下，什么原因没有达成？"或者虽然嘴上说没有问题，但是行为、表情、眼神、肢体语言，都让孩子感受到了我们内心的焦虑、不接纳？这些还是好的，更严厉一点的家长，马上就噼里啪啦一顿指责：怎么回事，这个目标为什么达不成？我早就知道你肯定是不认真学习，只知道玩游戏，跟女同学谈恋爱，等等。

所有这些事情，或许在你看来是为他好。但是孩子感受到的是什么？是我定了目标，要是达不到，妈妈会那样对待我，那我就有压力，不开心。所以他不愿意再谈目标。因为在他看来，谈目标就是自己给自己挖了一个坑。最好别定目标了，就模糊一点，我自己努力就好了。这样，妈妈也没话说。

我们要想让孩子敢于定目标，第一，别老指望他定的目标一定能达到。不仅仅是孩子，包括我们大人制定的目标，也有可能无法实现。关键在于目标不能实现，或者没有实现的时候，我们怎样看待这件事情。你真的能放得下，尊重孩子，那孩子就觉得发生什么妈妈都会支持他、接纳他，他下次还会制定目标，而且制定得更科学，他更愿意为这个目标全力以赴。第二是别指望孩子制定的目标，一定会符合我们的标准。孩子如果说:"我的目标是保持中等。"你别眼睛瞪起来:"啊,你怎么对自己这么没有要求!中等?"你这样,他下一次还敢定目标吗?

作为家长,还一定要明白一件事,就是只有目标是孩子自己定下的,他才会主动积极地去努力实现。万一目标没有实现,他也才有可能主动地总结反思。如果目标是家长定的,孩子又怎么可能表现出你希望的积极态度?

所以关键不在于孩子定什么目标,而在于这目标是孩子自己想要的。我们可以帮助孩子定目标,但不能把我们的期望作为他的目标。放下要求,相信孩子,他才可能为自己定目标。在这个过程中,我们能做什么呢?第一,当好啦啦队。不管开始他的目标如何小,也要支持肯定。千万别因目标小而提醒他,让他修改。第二,只要他实现了目标,立即肯定鼓励。久而久之你会发现,不知不觉中,孩子实现了一个又一个你根本没有想到过的目标。

## 一张口算卷，两种学习的表现

> 一切的成果都是由行为决定的，而行为则是
> 由信念决定的。因此，要想改变成果需从信念入
> 手。如果我们的眼睛只会找孩子学习上的失误，
> 那孩子长处再多，我们都会视而不见。

一次去表妹家，刚好表妹的女儿小敏做完一份口算练习，表妹正给她检查。像大多数家长一样，小敏做对的题目表妹就画"√"，做错了就画"×"。其中有一道题"7-7=？"小敏写的是"7"，表妹就问："7-7到底等于几？""等于0。"小敏回答。"那你为什么写'7'，怎么这么不小心呢！"表妹继续检查，又发现一道题"9-0=0"，于是拔高声音不耐烦地问："9-0到底等于几？""9。""那你怎么写'0'？""刚才不小心。"小敏小声地说。"你总是不小心。"

检查完80道题，小敏错了上面的两道题，表妹总结说：

"你看你怎么老是不小心，又错两道题，上次考试你就错了两道题。你什么时候能够小心点，给我考个满分回来？重新再去做一张。"小敏听到还要做，立刻就跑到旁边的房间躲了起来。表妹一看，站起来就要去把小敏抓回来。我在旁边看到这种情况立刻叫住她，她就跟我诉苦："你看看现在的孩子怎么这样，总是不小心。每次考试总要扣一分、两分，就是不能考个满分回来。让她多做点还不愿意，你说该怎么办？""你希望是怎么样的？"我问。"我想她多学点就好了。"

我想大部分家长教育孩子时都碰到过和我表妹同样的困扰，也都希望孩子是"我要学"。怎么才能做到呢？我对表妹说："我帮你试试看。"

我先去房间叫出小敏，然后把她抱着靠在我身上，拿起卷子问："是你做的？"小敏有些不好意思地点点头。我拿起卷子数"√"，1，2，3，4，5……数到"7-7=7"和"9-0=0"都跳过，然后接着数，一直到最后一道题，一共有 78 个"√"。一边数我一边留意小敏的表情，我发现她刚开始很紧张，但当我把她错的题跳过去的时候，她的表情就开始轻松了。最后数完时她脸上已经堆满了笑容。

我对她说："你知道吗？你好厉害，你做对了 78 道题啊。"

小敏听了更开心了，小声地说："但我还错了两道题。"

我说："来看看，看看是怎么回事。7-7等于多少？"

"0。"小敏说。

"9-0呢？"我又问。

"9。"小敏说。

"咦，你不是知道的嘛。刚才怎么会做错呢？"我问。

"刚才不小心。"小敏说。

"要是做的时候你小心点，会怎么样呢？"我问。

"那我肯定全做对。"小敏很有信心地说。

"现在怎么办呢？"我问。

小敏想了一下说："我再做一张。"

刚说完，小敏马上就去拿表妹刚才让她重做的卷子。我一看马上说："等一下，等一下，你不刚做完一张吗？先去玩会儿，等下再来做。"可她根本没听，马上就开始做，而且我看她做完了之后还自己先检查了一遍，才拿过来给我看。

为什么对同样一张口算卷，小敏的态度会有那么大的差别？一个人有怎样的信念，就会有怎样的行为，有怎样的行为，就会创造怎样的成果。表妹的信念是找出小敏的错误、缺点让她改正，她就会越来越好；我的信念则是找出小敏的优点，赞美她、欣赏她，她就会自己要求自己越来越好。所以同样的卷子，小敏在我这儿得到的是肯定、赞美和表扬，在她妈妈那儿得到的是批评、指责和抱怨。

　　一切的成果由行为决定，行为由信念决定，想改变成果要从信念入手。如果信念不改变，行为是无法改变的；如果行为不改变，成果也不可能改变。口算卷上有 78 个"√"，但多数人跟我表妹一样只看到那两个"×"。如果我们的火眼金睛只会找"×"，"√"再多，我们都会视而不见。

　　很多人的信念就是这样，做对是应该的，做错才不应该；对了不用说，错了才需要说，说了才能越来越好。这是我们教育当中最大的误区。

　　如果我们能从这里改变，成果就会大大不同。孩子把卷子拿给你检查时他不会有负担，因为他知道哪怕做错了也会被欣赏。那自然地，孩子学的时候会很开心，会想要把卷子做到满分，做完他还会仔细检查。但如果他拿过来就被批评，被提要求，下次还会愿意做吗？甚至有的家长，即使孩子全对，他也要挑剔孩子字写得不工整！这样只会让学习变成孩子的痛苦和负担，孩子又怎么可能有学习的主动性、积极性！

## 想要孩子学习好，先让孩子喜欢老师和学校

在一个和谐、愉快的环境中，孩子更容易喜欢学习，有兴趣学习，因为他总能感觉到学习给他带来的快乐和被欣赏。所以，让孩子爱上学习效果最好的，莫过于先让孩子喜欢老师，然后再喜欢上这个老师的课。

我有这样的经验，就是一个学生如果很喜欢一个老师，老师也很喜欢他，那他很少会在这个老师教的科目上学得很糟糕。我还发现，一个学生如果很讨厌这个老师，那这个老师教的这门课他学得特别好的，这种情况也几乎没有。所以让孩子爱上学习，效果最好的莫过于先让孩子喜欢老师，然后再喜欢上这个老师的课。而我们家长要做的，就是做好孩子和老师间的桥梁，让孩子喜欢老师。

我去参加孩子高中时期第一次家长会的时候，学校把所有的老师，包括班主任、任课老师，都请上来给我们家长认识。然后各个老师又就自己的教学特点和要求跟我们交流。其中就有教物理的老师，姓刘。

他上台介绍的时候，我印象很深刻。因为这个老师很年轻，又刚去学校不久，所以很有激情。他从门口噌噌地跑进来，站在台上介绍说："各位家长，我是你们孩子的物理老师。我姓刘，刚毕业不久，到学校才两年时间。我告诉过你们的孩子，高中物理，那是很难、很重要的。高考，就是靠物理拉分。语文、英语，考得好，九十多分，考不好也能到八十多分。物理的话，考得好九十多，考不好就只有五十多分、六十多分。这样一来，一拉就三四十分了，所以孩子要想考重点大学，必须把物理学好。物理不但重要，而且物理很难，需要把很多的时间花在物理上。学物理，要有激情。你们知道吗？我不敢说我是温州中学上课最好的物理老师，但我敢说，我是上课最有激情的物理老师。"

他确实有激情，不过我听完以后，对他的有些话是不认可的。特别他说，物理是很难的，要花很多时间去学这种话。因为很少有一个学生因为难而爱学，他们只会因为有趣才喜欢学，所以我当时心里在想，要是我，肯定不会这么说。我一定会跟孩子说："同学们，生活当中处处是物理，火车为什么会跑？原子弹为什么会爆炸？这都是物理问题。我们要学习的高中物理，可有趣了，你们知道吗？它研究的问题大到宇宙空间，比如，宇宙是怎么起源的？怎么大爆炸的？地球为什么围着太阳转？月亮为什么绕着地球转？小到我们肉眼看不到，甚至放大镜都看不到的问题。物理真是太有趣了。"你要说物理很难，有的同学学不好，可能就会把原因归结为这个。老师都说了，物理是很难的，学不好是正常的。但也有部分是我很认同的，他说老师讲课要有激情，好玩，这个观点很好。

回家吃饭时，我就跟孩子说："今天我去参加你的家长会了，会上，你们所有的老师都跟我们做了介绍。你觉得这些老师怎么样？"

"老师们都挺好的。"儿子说。

"你觉得物理老师怎么样？"我问。

"物理老师也挺好，他挺年轻的。"儿子说。

"我听物理老师说，他上课是很有激情的，是不是这样？"我问。

"那是，我们那个老师，上课时动作特别大，声音抑扬顿挫的。"儿子说。

"你上课的时候很开心？"我问。

"那当然了，每次上物理课的时候，我都觉得时间过得特别快，一下子就下课了。"儿子说。

"我听说他是你们学校最有激情的老师，是不是？"我问。

"那当然。"儿子说。

"儿子，你怎么这么幸运？总是碰到这些特别好的老师。听说你们那个物理老师，是全校最年轻的老师，是不是？"我问。

"嗯，这肯定的。"儿子说。

"同学们喜欢他吗？"我问。

"喜欢。"儿子说。

"太好了，你就是很幸运。"我说。

大概过了半个月，有一次我去学校接儿子，顺便先找了这位刘老师。到了他办公室，他坐在那里改作业。

进去后，我自我介绍说："老师你好，我是浩辰的爸爸。"

刘老师看了我一眼，说："浩辰的爸爸，你好。"

然后他继续改作业。我说："刘老师，我家浩辰这段时间表现怎么样？"

"浩辰，挺好的，这个孩子挺聪明的，挺好挺好。"刘老师一边说，一边还在改作业。

"刘老师，我家浩辰跟我说，你上课特别有激情。"我说。

"啊，是吗？你儿子这么说吗？"刘老师说。

"是啊，他说了，你上课，抑扬顿挫，动作都特别大，他可喜欢听你上课了。"我说。

老师一听，作业也不改了，站起来说："浩辰爸爸，我跟你说，你家浩辰我也很喜欢。这个孩子，思维很敏捷，我提问完说谁举手？他总是第一个举手，而且说出来的答案，都很好，我很喜欢他的。"

"你这么喜欢他？那真是太好了。老师，我绝对相信孩子在你这个班里，一定很喜欢物理。"我说。

"那肯定，你放心好了，这个孩子学物理肯定没有问题。"刘老师说。

"刘老师，谢谢你，我相信，我的孩子绝对没有问题。他真的太幸运了，碰到你这么有趣、有激情的老师。太谢谢你了，老师。"我说。

他很开心，我又说："刘老师，现在放学了，我要去接他了，你很忙，我就先走了。"之后刘老师一直把我送出来，送到走廊。

"你回去吧，你忙，我先走了。"我说。

"那好，再见再见。"他回去了以后，我心想，我的孩子学物理，肯定不需要我操心了，根本不要我再去催他。

为什么？当孩子爱上学习以后，你不让他学，他都不愿意。所以我知道我该做什么，不该做什么，哪些事是最重要的，是我可以做的，哪些事是我做不了的。我努力地为孩子营造一个良好的学习环境。所以，我会主动争取老师的协助和支持，积极与老师沟通，融洽老师和孩子的关系，不抱怨老师，不挑老师刺，不制造师生矛盾。

在一个和谐、愉快的环境中，孩子更容易喜欢学习，有兴趣学习，然后他会感觉到学习给他带来的快乐和被欣赏，让他有成就感。至于他这次考多少分，下次有没有进步，倒退几名，这些，我一点都不关注。只要孩子爱学习，这次考差了，下次一定差不到哪儿去，不需要我天天去督促。不过，很多家长的做法与我不同，他们天天跟孩子啰唆："作业做完了没有？先做作业再玩。"这会让孩子讨厌。而且孩子讨厌你啰唆，就会讨厌学习，就会怪罪学习，认为就是因为学习，妈妈爸爸才经常责骂他。他们会盼望这个世界上没有学习。

有个爸爸跟我说，他也知道要让孩子爱学习，得先让孩子爱上老师。但他的方法用错了，起了反作用。他的方法是什么呢？给老师送礼。他的孩子读初三，他想老师好好关注自己的孩子，所以开学的时候，他就去拜访各科老师，心想老师一定会关注我的孩子。大概过了二十来天，有个星期天吃午饭的时候，孩子闷闷不乐。他问孩子怎么了？孩子说："爸爸，你能不能给我换一个学校？"他心想换个学校？我都做了这么多，为什么还要换学校？孩子接着说："爸爸，我所有的老师，都跟我过不去。"这下他更加奇怪了，都跟你过不去，什么意思？你跟我说说看？孩子说："语文老师，他跟我说，我作文写得不好，每周要多写一篇作文。英语老师说，我听力不好，每天中午让我到他办公室听十五分钟英语。数学老师说我解答难题的能力不够，所以除每天布置的作业外，还要我再做三道难题。每个老师都给我加作业。爸爸，你说我的日子还能不能过？"那个爸爸一听就傻了。

很多家长喜欢让老师特别关注自己的孩子，可能还会握着老师的手说："老师，拜托你，一定要关注我的孩子，让他多做一点题目。"老师要是不多给孩子布置点学习任务，就觉得你会怪罪他，所以各科老师，都按照你的要求，让孩子多做一点，然后孩子就受不了了。对你家孩子也未必有效。

与其这样，不如用心给孩子创造一个和谐的学习环境，孩子不爱学习，都不可能。而且，你还省了很多的力。有家长会说，我哪有时间管孩子的学习和作业。我跟你们说，我也很忙的。我花在孩子身上的时间，其实未必比你们多。只不过我用心，我把时间都用在刀刃上，用在最有利、最有效的地方。我从来不签字，也不检查作业，什么事儿都不干。我只干一件事情，为孩子打造愉悦、轻松的学习环境，积极争取老师的合作，让孩子爱上学习，培养好孩子学习的兴趣。

# 06

## 用开放的心态
## 成就孩子的美好人生

在孩子的成长过程中，家长很容易将自己的生活经验和思维逻辑套用在孩子身上，甚至试图替代孩子。当我们这样做时，其实是在扼杀孩子成长的可能性和领悟力，阻碍他成为更好的自己。

## 教育孩子，父母别越界

> 对孩子真正负责的表现就是，适当放手，把
> 人生的决定权交还给他，然后坚定地做孩子人生
> 航海中的灯塔，替他照亮前方的路。

我之前强调父母爱孩子就要负起教育孩子的责任，但这个过程中要避免一种偏差——别用越界的"负责任"打造一个不会负责任的孩子。

每天早上孩子蒙着被子，你就催他快点起床、穿衣服；孩子起来穿好衣服了，你又催他快点洗漱、吃早餐；吃完早餐，你又催他快收拾书包。你不停地催，一直到他最后终于背着书包出门上学。整个过程都是你在着急，而孩子呢，通常是不管你怎么催，该怎么做还怎么做，慢吞吞地，好像上学跟他无关似的。

家长为什么要这样着急担心呢？就让担心的事情发生，看看会如何？其实也没有什么，最严重的不过是他迟到了，挨了老师的批评；他着凉了，不舒服。但是，他这样被批评一次、两次，他自己就知道下次要早点起来；他不穿衣服着凉了，感冒了不舒服，下一次就知道天凉要添衣服才不会被冻着。孩子和父母的关系就是这样，如果你不能陪他一辈子，那就要学会适当放手。

有句老话叫"勤劳的父母养一窝懒儿女"。我们很多家长就是把自己当成孩子的保姆，什么都包了，什么都帮忙做、帮忙想。那孩子还需要动什么脑筋呢？还需要对自己负什么责任呢？所以，很多家长是在用越界的负责打造一个无法为自己人生负责的人。

真正对孩子负责任的表现是什么？是我负 100% 的责任打造负责任的孩子，而不是为他所有的事情负 100% 的责任。作为父母，我们应该要负起的责任是引导孩子，是支持他们。孩子的事儿，让他自己做；他的人生，让他自己过。他应该为自己的人生负 100% 的责任。

父母是支持者，不是设计者，更不是代劳者。孩子在成长过程中，经常会走到一些十字路口，往这边走还是往那边走呢？我们不能告诉孩子，你要往这边走，这是对的、好的。我们直接给他答案和解决方法，就等于剥夺了他思考的权利和更多的可能性。而且，一个没有经历过为选择、决定而思考、挣扎的人，就算身体成长为健康的成年人了，但心里却依旧是个孩子。所以，我们只能做孩子人生航海中的灯塔，照亮前方的路。至于走哪一条航线，由这条船自己决定，选择权永远应该在孩子自己的手里。

那么，如何做好孩子人生中的灯塔呢？如果你的灯很暗，高度就这么一点，那就只能照亮眼前的一块地方；如果你灯的高度很高，你照得就很远，孩子就能看到更远的地方。父母之所以要不断地学习，就是为了能让我们自己站得更高一些，希望能够为孩子照亮更远的地方。不过，选择权仍然在孩子手里。你不能说，我通过学习掌握了很多知识，就要给他做正确的决定，不是这么回事。永远不要去帮孩子做决定。

我们应该从哪儿开始这样的转变呢？可以从孩子的作业开始。很多家长对孩子的作业是又催又检查。我是从不检查，也从不过问的，作业做不做是他的事。他不做，第二天到学校要面对老师，老师可能会批评他或者要他补做，那就让他自己面对。他将来长大了，到社会上也是要面对别人的。所以我总跟孩子说，作业做不做，你自己决定。你说不做，那就不做。我不会说，你一定要做。

记得有一次，大约在小学六年级的时候，儿子的数学老师打电话给我说："最近两个多月，你孩子的数学作业全部是选'C'级。我们的作业是分等级的，'A'级是最难最多的；'B'级程度低点；'C'级是最少、最简单的。你的孩子成绩也很好，按道理应该选择'A'级。"

我就问他："李老师，你们布置作业的时候，学生是可选择的，还是不能选择？"

李老师说："是可选择的。"

"既然学校规定是可选择的，那孩子为什么不能选'C'级呢？"我说。

李老师有点吃惊，因为我这个家长好像有点不一样。如果其他的家长听到，肯定会说："啊，都选'C'级，那怎么行？我回家一定让他选'A'级。"

于是，李老师就问我："你的意思是你同意他选'C'级？"

"不是我同意，是因为你们允许。你既然布置了'A''B''C'三个级别的作业，而且让他选，他就有权利选'C'级。不过李老师，很感谢你告诉我这些情况。孩子回家以后，我会跟他沟通一下，问问他为什么选'C'级。"

当天孩子回家以后，我就对他说："李老师今天打电话给爸爸了，他说你最近这两个多月，数学作业基本都是选'C'

级的，为什么？"

"爸爸，你不知道，那什么'A'级、'B'级、'C'级，都一样，我都懂，都会做。不过，做'A'级，我就得多花半个小时。做'C'级呢，就少花点时间。因为这段时间我要看两本书，我特别喜欢看，如果选'A'级我就没有时间看了。"儿子说。

"哦，这样，那行，你决定选'C'级就选'C'级。不过李老师好像有一点看法，你看怎么办呢？我说，还是你自己说？"我问。

"我自己跟李老师说吧。"儿子没有任何负担地说。

过了几天，我问儿子说了吗？"说了。李老师还说，既然是这样，你自己决定吧。"

所以，只要家长愿意放手，孩子是能够处理好自己的事的，而且通过面对这些事，孩子还学习了如何在老师不同意的情况下坚持自己的看法，这种能力岂不比他多做几道数学题更重要？

有很多家长为自己包办、代替的做法找理由，说孩子处理不好。可你不给他学习处理的机会，他又怎么会有处理的能力呢？有些家长会说，也要老师配合才行，但是老师怎么对孩子大体上是由父母的观点决定的。你支持的，他也会支持。如果家长说"那不行，老师，这个我一定让他选'A'级，你也帮忙做做工作"。那孩子到学校以后，老师肯定配合你，要求孩子选"A"级。家长不仅是老师与孩子之间的桥梁，而且是放大镜。家长不仅能放大好的一面，更能放大不好的一面。

有些家长往往把自己弄得里外不是人。在孩子看来，你是跟老师一伙的，因为老师一打电话，你就找他的麻烦。在老师看来，老师又觉得你这个家长不理解他的工作，什么事都推给他去做。所以，孩子不喜欢你，老师也不喜欢你。

我们要怎么做，才能让孩子认为你是跟他一伙的，在老师看来你又是很理解他的呢？比如，我感谢了老师，老师会觉得我理解他，而且我还说会跟孩子主动沟通，老师会认为我是个比较负责的家长。事后我儿子又找老师沟通这件事情，老师会觉得我这是支持他的工作。孩子呢？也觉得爸爸理解他，老师都这么说了，还说让他自己决定，而且还问要不要帮他跟老师沟通。孩子会觉得跟我说实话没有压力。可见，如果家长把握好这个责任的界限，一切都会很顺利。

## 别怕孩子犯错

> 我们都听过这样一句话:"人非圣贤,孰能
> 无过。"但一到自己孩子身上的时候,很多家长
> 就没办法这样淡然了。孩子一犯错,他就紧张得
> 不行,感觉世界末日来了。我们仔细想想,孩子
> 犯错真的那么可怕吗?

人成长的过程中,犯错误是很正常的,每个人都会犯错。如果一个孩子成长的过程中不犯错误,那就麻烦了。这就意味着这个孩子从来没有走出安全区,所以不犯错可能是他犯的最大的错。

我儿子在成长的过程中各方面都挺好,没有出过什么大事让我操心。但他刚上高一时,我也面临过一个很大的考验。事情是这样的:有一段时间,我发现他的电话费突然大幅增加,先是突增到三百多元,后来甚至增加到了五百多元。于是,我去查了他的电话单,发现他主要就打一个号码。而且,每天和

这个号码的通话时间少则三十分钟，长则三四个小时，时间通常是在晚上九点半以后，最迟的一次打到夜里两点多。

知道这事儿之后，我决定跟儿子好好谈一谈。谈话前，我先想了半个小时。想清楚怎么谈之后，我就和儿子坐下来聊天。首先，我对儿子说："儿子，一直以来我是很想给你自由的。你也知道，爸爸很爱你，而且，我也很想跟你平等地沟通交流，所以，爸爸现在想听你说说最近打电话的事儿。"我这样跟他说了之后，儿子就大致解释了一下他为什么打这么久的电话。然后说他错了，并保证以后不再这样了。等儿子说完，我就问他："儿子，你知道我现在心里是什么感受，是怎么想的吗？"儿子说："不知道。"

这时，我就对他说："爸爸为你感到很骄傲，因为一直以来我都跟你说，人成长的过程中犯错误是很正常的。一个人要学会走路，一定要先摔跤。如果你没有摔倒过，你怎么学会走路？怎么学会跑步？所以说，犯错是一件好事。更何况，你犯了错后自己就认识到错了，并且保证改正，这不是很好吗？'知错能改，善莫大焉。'如果说，有什么会让我不开心，让我担心我这个父亲是失败的，那肯定是你犯了错后，你怕我，不愿意告诉我。所以，如果什么时候你犯了错，你觉得自己搞不定，你觉得是天大的错，这时候你想到的第一个人是爸爸，我就很开心。以后再碰到这样的情况，你愿不愿意告诉我呢？"儿子回答愿意。我又接着说："从这件事还可以看出，有女孩子喜欢你，这证明儿子你很优秀嘛。这是件很好的事啊。"当我说完这所有的话之后，儿子的脸色从原来的担心、忐忑变成了开心、轻松和喜悦。

如果我像有的家长一样，一上来就先质问儿子："你是不是谈恋爱啦？"紧接着就教育他，"你才高一，现在就谈恋爱你还考不考大学？"或者威胁他要告诉老师，甚至干脆将儿子的手机没收了。这样做的结果会是什么呢？孩子会担心、郁闷、不开心。这些负面的心情是不是会影响他的学习？甚至有可能，他就不愿意跟你们待在一起，而不断找借口跟打电话的女孩在一起。所以，我经常对很多家长说，你们千万要少出手。很多时候，你们出手不是解决问题，而是在制造问题、放大问题。本来孩子们打打电话，只是有点好感。结果家长一插手，事情反而变复杂了。越是这种时候，孩子们越有可能干出一些错误的事情来。事后，家长还会埋怨孩子："当初警告过你多少次了，不要干这种事情，你非要干，看现在吧……"其实，这不是孩子的错，是你把本来构不成任何威胁的小事放大成了大事。

那次谈话过后，我发现我的儿子仍然会打电话给那个同学，可能十多分钟、半个小时，但再也没有超过一个小时，更没有打到深夜一两点的情况。事实上，当我们试图去理解孩子的时候，他们的内心也会学着理解我们说的话。但当我们不理解他，一味地用大人眼中的对错去评判他的时候，他就无法听到我们话语中的关心和爱，就会跟我们对着干。

谈话前，虽然我也不知道儿子到底会怎样想，但在内心深处，我相信他是会为自己负责任的。孩子都上高中了，也懂道理了。如果我们总是怀疑孩子，总觉得他一定会往那个坏的地方去，他越容易往那个地方去。跟儿子谈话的整个过程，我都是在很中立地说话，是引导而不是直接评判，给他下定义。但我也并不是没有原则。高中的时候不可以早恋，这就是我的原则。可是这个原则，我不是用话说出来的，是用我内心的方式来让他感受到的。很多家长往往急着说原则，殊不知说出来的原则最无效，有时候还容易变成辩论。严重一点的，可能还会引发家庭战争。尤其是处于青春期的孩子，离家出走啊，与父母长期冷战啊，是很常见的现象。

家长一定要改变心态，孩子犯错是正常的，甚至是好事。当孩子做错事的时候心态要乐观，不要悲观。你心里想的是，"我的孩子又成长了，他又明白了一件事，真好……"当你这样去想的时候，孩子会越来越好。

# 教育不是妈妈一个人的事

> 在很多爸爸的心里，孩子的教育只要交给妈妈就可以了，自己负责赚钱养家，给孩子提供好的物质条件才是自己的主要任务。但在孩子的成长过程中，不管是爸爸还是妈妈，这二者的教育和陪伴都是缺一不可的。

来参加培训的家长们通常四分之一是爸爸，四分之三是妈妈。这个比例正好反映了现在的一些爸爸妈妈对孩子教育问题的看法：教育孩子妈妈一个人就够了，爸爸负责挣钱养家就行了。可是，事实真的如此吗？

我有个同学，浙江宁波的，生意做得挺好。他儿子十六岁的时候整个状态糟糕得不得了，学习就不用提了，还总在学校里面惹事、打架。我这个同学经常被他儿子的老师叫过去狠批。有一次，他被老师叫去批了一顿后，回家狠狠地骂了儿子半个多小时，他说："我养你十六年，天天给你吃最好的，穿最好的，你学习不行就不说了。你考不上学校，我花钱把你送到好的学校去。你到学校，我派专门的司机送你去接你回。你穿的是名牌，住的是别墅，但你居然天天给我惹事！"平时这个孩子都是低头不作声，让他骂的。但那天也不知道哪里来的力量，这个孩子被他骂了半个多小时后，突然站了起来，把筷子往桌子上啪地一放，说："爸爸，你知不知道，我生活在你家就像生活在地狱里一样。"说完这句话，立刻就跑掉了。

　　听了他儿子的话，我同学蒙了，因为孩子从来没有顶撞过他。而且，他儿子说的是什么？他儿子说："生活在你家就像生活在地狱一样。"我的同学觉得莫名其妙。在他心里，他是在努力给孩子创造天堂般的生活啊。吃的、穿的、用的、住的，全部都是最好的。但是在孩子的心里，自己为孩子做的这一切居然被看成是地狱。他放下筷子，坐在那里忍不住掉眼泪。他心想，我这些年在干什么？我做事业是为什么？我有这些社会地位、财富、荣誉，有什么用？再想到自己和老婆的关系也不好，心里全是伤感，然后意识到继续这样下去的话，家庭早晚要破裂，孩子也要毁掉。那么，他做的这一切又有什么价值和意义呢？这时他才真正体会到一句话：如果你对孩子的教育是失败的，那么你赚再多的钱给他，给他再好的物质生活也是于事无补的。

　　我们的惯性思维是什么？就是一辈子都在想办法挣钱，然后买房子买车，最后全留给下一代，尤其是爸爸们，他们常常认为这就是自己的主要任务。但是，哪怕我们再厉害，事业做得再大，要是不注意教育，孩子出了问题，很可能我们过去用三十年时间积累起来的财富，不到三年就会被败光。

　　林则徐曾说："子孙若如我，留钱做什么？贤而多财，财损其志；子孙不如我，留钱做什么？愚而多财，益增其过。"意思是说，如果我的孩子像我，我留财产给他干什么？贤能的人要那么多的金钱，是会损害他们远大的志向的；如果我的孩子不像我，我留财产给他干什么？愚钝的人掌握那么多金钱，只能增加他的过错。

　　是啊，孩子自己有能力，留不留财产给他，都无所谓；相反如果他存在问题，留给他的钱越多，越容易把他压垮。所以，与其将来留财产给他，不如现在家长自己多学习，让自己成长，自己成长以后，可以更好地支持孩子的成长，这是我们最好的选择。

　　我那个同学，经过反省，放下一切去学习如何处理自己和孩子的关系。他的孩子现在在美国，虽然是花钱去的，但至少跟他的关系好了很多。孩子现在半个月、一个月就会打电话给他，说一说现在的生活、学习等情况。

　　所以，在孩子的成长过程中，父母的第一职责永远是教育孩子。就算爸爸是主要负责赚钱养家的那个人，也不能完全脱离这个核心职责。千万别认为教育是妈妈一个人的事情，爸爸的参与也很重要，这两者是缺一不可的。

## 教育孩子别说一套做一套

　　很多家长跟我说，他买了许多家教书，学习了很多教育理论，但孩子的问题依旧层出不穷，为什么？我的回答是：教育理论能否有实际效果，关键在于我们做父母的能否言行一致。

　　我们可以和周围的人玩个小游戏：我们嘴上说把右手放在下巴下，但同时却把右手放在脸旁。做完这样的动作后，让周围的人模仿。你会发现，70%以上的人会把右手放脸旁，只有非常非常少的人会按照我们说的那样做。这说明什么？"做"比"说"更有效，更容易被别人模仿！

　　很多家长总要求孩子要这样做，要那样做，但不管怎么说，效果都不好。归根究底，原因就在于家长自己都没有做到那些事情。比如，父母经常要求孩子："你学习要认真啊，你晚上要早点睡觉，你不能玩电脑游戏。"看看自己呢，通常是怎么做的？晚上是几点睡觉？夜生活又是怎么过的，是看书还是打麻将？所以，教育孩子时千万不要说一套做一套。说一套做一套，说得再好孩子都不会听，因为他只会照着你做的样子去学。

曾经有一位妈妈来我的培训班上课。她来上课的目的是希望能够帮助她 16 岁的女儿，让她女儿不要像现在这样封闭，开放点，多去结识一些朋友。但刚接触这位妈妈，我就发现她是个只愿意和熟悉的人交往、不太开放的人。所以，我给她的建议是："如果你希望孩子改变，你自己首先要改变。比如，自己多去交新朋友，多参加一些有趣的社交活动。如果你不改变，不管再怎么努力教育你的女儿都没有用，这是需要你先做，然后给她做榜样的。"

很多工作岗位，正式工作之前都需要培训，通过培训拿到资格证才能上岗。比如，你要做会计，就要去考会计证，初级的、中级的、高级的；你想开车，也得先去考驾驶证。但是，我们每个人一生中最重要的职业，既没有职业培训也没有资格考试，这个职业是做父母！做父母这个职业是我们一辈子最重要的，也是最复杂的。我们过去的传统教育中，没有一堂课是教我们如何做爸爸、如何做妈妈的。我们当中的很多人，几乎都是莫名其妙地就做了爸爸、做了妈妈。怎么办呢？大多数人是摸着石头过河。也有不少人买来一大堆的亲子家教书，学一大堆教育理论后，以为拿到了锦囊妙计，孩子的问题就全解决了。可是试了之后才发现不管用，问题还是层出不穷。究竟是哪里出了问题？

问题出在我们父母身上。爸爸说，孩子你要多看书，少玩 iPad，少看电视，然后给孩子买了很多书要他看。但自己在家却从来不读书，常常拿着手机玩。那些买来的书，多半就放在书架上落灰了。妈妈说，孩子你什么都要吃，不能挑食，可自己为了减肥，一会儿不吃肉，一会儿不吃饭的。有这样的父母，真的很难想象孩子会喜欢看书，会有好的饮食习惯。

教育，身教重于言教。我们的一言一行都在影响着孩子。相比听父母怎么说，孩子更容易模仿父母如何做。所以无论我们学了多少教育理论，如果我们自己不能先做到，教育效果就会大打折扣。

## 放低姿态向孩子学习

> 当我们不是一直想着如何教育孩子，而是开始有兴趣向孩子学习，对他这个人有兴趣，带着好奇去询问他的看法的时候，他也会开始从我们身上学东西。

因为我经常在外面讲课，一些朋友时不时也询问我一些教育孩子的问题。一次，一个朋友到我家里吃饭，饭桌上他就问我儿子："平时你爸爸在家里是怎么教育你的？"我儿子说："没有啊，我爸爸从来没有教育过我。"我的那位朋友听了很吃惊。其实"大音希声，大象无形"，最高明的教育应该是无形的，让孩子察觉不到的。很多家长不是这样的，他们通常是说，来，孩子，今天爸爸要好好地跟你聊聊，然后坐下来一说就是两小时，那两个小时基本是无效的。

真正的教育——有效的教育，可能就是一两句话，甚至就是一个眼神，一个拥抱。一说两个小时，不是教育，那叫啰唆、唠叨，基本无效。我和孩子相处，所有的沟通就是平时的聊天，没有说过什么高深的教育理论。企业管理跟这也是一样的，你把员工专门叫来谈话，一谈两个小时，肯定没有效。倒是你平时跟他碰到的时候、吃饭的时候，或者是聊天的时候，那么几句话，看似轻描淡写，但是他会收到。这样的管理，或者这种教育才叫有效，才叫高明。

如何做到无形？先从改变自己开始，而且还是无条件地改变。这种改变不是孩子改变我就改变，而是孩子不改变，家长先改变。家长改变了，可能孩子因此也会改变。现在夫妻吵架，经常说的是如果你要改变什么，我就会怎样怎样。这样说来说去，有没有改变？谁都没有变。

说到改变，我们还有一个误区，就是我们经常希望别人改变的时候，要立刻改变，但是当说到自己要改变的时候，就说给我时间，我要慢慢来。很多问题就出在这里，我们想孩子立刻改变，老公马上改变，但说到自己改变的时候，就成了我试着慢慢改变。而如果我改变了，但没有看到对方改变，立刻就会觉得自己吃亏了，然后立刻变回原样。我们教育孩子也是一样的，我都已经改变了，你怎么还是老样子呢？如果转变一下观念：我改变，立刻，并且是持续不断地，但是你们改变可以慢慢来，那很多事情就迎刃而解了。

而且事实是，别人是改变不了的，唯一可以改变的是自己。孩子也好，老公也好，或者跟我们有关系的其他人，父母、老板、同事、员工等，他们就算会改变，也只是因为我们改变了，绝对不是我们要他改变，他就改变。你想让另一个人实现你的愿望，除非你有能力把你的愿望跟他的需求挂钩，他为自己完成需求的同时，刚好也帮你完成了心愿。所以教育孩子，要先教育自己，哪一天我们改变了自己，教育好了自己，孩子就已经被改变了。

很多父母在家里，对孩子讲道理讲得头头是道，至于说完了孩子收不收得到，或者孩子想表达什么，根本不关心。这些人只对"教育"有兴趣，对他们而言教育只是对孩子说教。

有一个爸爸跟我说，有一次他和儿子吵架了，吵得非常厉害，但是当儿子说："原来我需要你的时候，你干什么去了？"他当时本来是非常气愤的，听到儿子说了这么一句话，一下子就没有脾气了。是啊，孩子当年需要我们的时候，我们在哪儿？现在发现孩子出现一些问题了，或者不符合我们的要求了，就开始教育他。而我们对他这个人、他这一刻的喜怒哀乐、他过得怎么样没有兴趣，这教育能有效吗？所以，我们什么时候有兴趣听孩子说，愿意等到他说完，那教育的成效也就发生了。

我们经常想到要教孩子，却常常对向孩子学习没有兴趣。总觉得我是父母，我是传授经验智慧给你的，我是要教育你的，还要向你学习吗？但说实话，其实我们可以从孩子身上学到很多很多的东西，他们的纯真、天真、可爱，还有他们的简单。我们大人在判断上，评判、分析、逻辑等方面很厉害，但是我们缺乏孩子的那种敏感，也没有他们的那种感受能力。而这种感受能力，其实是人身上很重要的能力，脑子分析了半天未必是真的，但是感受却是很真实的。

所以我们别老摆出那副家长、教育者的姿态，把自己放得低一点，向别人学，向孩子学。什么时候我们不是一直想着要教育孩子，而是开始有兴趣向孩子学习，对他这个人有兴趣，带着好奇去问他的时候，他就会有兴趣从我们身上学东西。"如果你有能力从孩子身上学到东西，你大概就有能力教育他了。"

## 别把教育变成对孩子的伤害

> "十年树木，百年树人。"人成长的过程，其实和树的成长过程非常相似。一棵小树苗，把它种在土里，给它浇水、施肥和阳光，它就会成长起来。但浇水施肥也不能过度，否则小树苗也难长成栋梁之材。

教育是要用心的，不是简单的萝卜加大棒。要教育好我们的下一代，我们需要学会思考。可有的家长认为，这还用学？当年我爸爸什么文化都没有，不是把我教得挺好吗？可是现在时代变了，教育的环境也发生了根本的变化。如果我们还用老一套来教育我们的孩子，是一定要付出代价的。

现在的孩子，成长环境跟以前完全不一样，接触的信息也完全不一样，继续用老一套，不但无效，还可能对孩子造成伤害，怎么可能不出事？所以我们要让自己去成长，要用更适合的理念、方法来陪伴孩子、爱孩子。你的方法不同，孩子也会大大地不同。对这点，我想通过两个极端的事件来说明。

　　一个就是药家鑫案。药家鑫其实很厉害，钢琴十级。他在教完孩子钢琴回家的路上，把一位女士给撞了。本来只是撞伤了，但他发现这个女士被撞倒在地上的时候，看了一下他的车牌。他觉得，完了，完了，我的车牌号码被她记住了。然后他就用自己买来切水果的尖刀把这个女士刺死了。前面一次叫交通事故，后面这一次就是故意谋杀了。结果他就被抓起来判了死刑。

　　我是专门关注过这个事件的，其实药家鑫的成长过程，就基本决定了他当时会那样去做。药家鑫的爸爸是个军人，为人比较严厉，追求完美，对他的要求也一贯是尽善尽美。药家鑫从小就学习钢琴，有时不想弹还会挨妈妈的打。做得好没有得到过什么表扬，做得不好却一定会得到惩罚。所以撞伤人的那一刻，我猜药家鑫心里想的是完了，完了，这是大错误，要付出很大的代价。因为平时他犯错了以后，不管是什么原因，肯定是要挨骂的，父亲对他的惩罚也是很重的。所以那一刻，他想到家人对自己的责备，尤其是父亲会对自己的惩罚，他感觉不如撞死，可能还有机会逃掉，他下意识地做了那样的决定。

　　当然，他在那一刻不可能完全像我分析的这样，但肯定是一瞬间就做了决定，不如把她撞死，还有机会逃掉。有记者报道过药家鑫执行死刑前与他爸爸的最后一次谈话。药家鑫对他爸爸说，想捐出自己的眼角膜。但这个时候，他爸爸居然说："你不要留下你的任何东西，把你所有的罪孽都带走。"这个爸爸说的话，让人伤心不伤心？不管怎样，他是你的孩子。我说过，我们对孩子的爱是无条件的，不增不减、不多不少的。哪怕他杀了人，我们爱他，还是一样多，只不过他杀人这个行为，是不被允许、不被接受的。所以，送药家鑫走上不归路的，不是别人，而是这种简单粗暴的家庭教育。

还有一个是李阳的例子。大家都知道，李阳是疯狂英语的创始人。其实，他早些年还做过家庭教育。可是他自己居然家暴，打自己的老婆，而且还是当着女儿的面打。当时他的小女儿才三五岁。那么小的孩子，亲眼看到自己的爸爸打妈妈，那是什么感受？那种心理的伤害、对男人的恐惧，将来可能会影响她女儿一辈子。李阳是搞教育的，是培养别人的孩子的，他天天讲课说要孝敬父母，要爱家庭、爱孩子，那为什么他还会做这样的事情呢？其实，在他成长的过程中，他爸爸对他的教育跟药家鑫的爸爸差不多，就是简单、粗暴，只有罚没有奖。

曾有记者采访李阳，他说："我见到爸爸，我是没有办法叫'爸爸'两个字的。最多就是，'喂，你吃饭了没有？'如果我的身体碰到爸爸的身体，那全身会起鸡皮疙瘩。"从小到大，他跟爸爸的相处是这样的模式，所以在他内心深处，积累了很多伤害。从表面上看起来，李阳很好，很有智慧、有能量，事业很成功。但是内心那些伤痛，十年、二十年后爆发出来，让他付出了代价。家暴事件虽然没有让他的事业跌入低谷，但是他老婆跟他离婚，他在孩子心中的形象一落千丈。像李阳这样的人，哪怕长大了以后学会了很多知识，能力也很强，但是他仍然要为三岁、七岁时受到的伤害付出代价。可见在孩子的成长过程中，家庭教育是多么重要。

这类事情还有很多。我曾看到过南京的一个新闻，有个女老师，她女儿在瑞典留学的时候自杀了。那个女孩是很优秀的，26岁，成绩很好，给家里带来无数的荣耀，妈妈以她为骄傲。结果她在留学的时候，自杀了。在自杀之前，她写了一封信给她的妈妈，里面写道："妈妈，真的对不起，我实在是顶不住了，我的压力太大了。我对不起你们，我没有办法达到你们的期望，我已经筋疲力尽了。"当她的妈妈拿到这封信的时候，蒙掉了，不知道女儿为什么有压力？她觉得自己没有给女儿压力。很多妈妈或者爸爸都如此，以为用语言说才是给孩子压力。不是的，不一定是跟孩子说一定要考多少，而是你们的内心，还有那种眼光、那种期待、那种成绩出来后的焦虑，这些无形的压力都会埋到孩子的心里去。

内心信念的改变是最重要的，否则就像那个女孩，虽然她的妈妈嘴上没说什么，但是她能感觉到，妈妈的内心是要她优秀、优秀、再优秀。所以她为了满足妈妈，就装开心、快乐、阳光，但所有这一切都是假的，最后她因为承受不住压力而放弃了自己。她妈妈反省后，做了不再教书的决定。她去做培训，用自己女儿的案例告诉家长，不要把你的期待变成孩子的压力，以致他最后无法承受。让孩子开心、快乐，是给他最好的人生礼物，其他都是假的、虚的。

"十年树木，百年树人。"人成长的过程，其实和树的成长过程非常相似。一棵小树苗，把它种进土里，给它浇水、施肥，给它阳光，它就会成长起来。但浇水施肥也不能过度，否则小树苗也难长成栋梁之材。孩子也一样，来到一个家庭，你呵护他、爱他、陪伴他，他就会成长；你打压他、怀疑他、折磨他，他就会痛苦，又怎会从小树苗长成参天大树？一棵树很有生命力，枝叶会很茂盛，很完整。我们身上的责任感、孝心、勇气、协助精神、友爱精神、欣赏能力、宽容、正气等特质就像是树上的枝叶。枝叶多，树看起来就完整，有生命力。我们健康的体魄，就像树干，很挺拔，就坚不可摧。而如果一棵树没有深深扎入泥土的树根，哪怕它再挺拔、茂盛，一阵狂风过来，也一定会把它连根拔掉，它的生命仍然是脆弱的。

　　爱就是这个影响人一生的"树根"。如果没有爱，就像树没有根一样，不知道什么时候就倒在地上，所以，我们爱孩子要爱得有章法，否则只能适得其反。引导孩子、教育孩子，也要用爱，讲方法。用爱陪伴，与爱同行，这样才能让我们的孩子拥有真正强大的内心，从而活出丰盛、富足、绽放的人生！